RAQUEL RABADE ROQUE

COCINA CUBANA

LAS MEJORES RECETAS

DOWNTOWN BOOK CENTER

MIAMI - FLORIDA

Edita: AGUALARGA, S.L.
Diseño: Carmen de Francisco
Impresión: Peñalara, S.A.
Encuadernación: Larmor, S.A.

I.S.B.N.: 0-941010-05-8
Depósito Legal: M-6334-1996

ÍNDICE

1

PLATOS RAPIDOS CON HUEVOS, TORTILLAS, REVOLTILLOS, ¡Y PISTOS!

HUEVOS PASADOS POR AGUA

Ingredientes

- 4 huevos
- 1/2 cucharadita de sal
- 1/4 cucharadita de pimienta blanca
- 1 vaso de agua
- 1 cucharadita de mantequilla

Cómo se preparan

1. Ponga los huevos en el agua fría y colóquelos en el fuego.
2. Cuando el agua comience a hervir, quítelos del fuego.
3. Abralos, y para que resulten más agradables al paladar, añádales mantequilla, sal y pimienta.

HUEVOS DUROS PERFECTOS

Ingredientes

- 6 huevos
- 2 vasos de agua

Cómo se preparan

1. Ponga los huevos en el agua fría y colóquelos al fuego.
2. Cocine por 15 minutos. MUY IMPORTANTE: Antes de quitarles la cáscara, colóquelos nuevamente en agua fría (por unos 10 minutos).

HUEVOS RELLENOS

Ingredientes

- Huevos
- Perejil (picado)
- Mantequilla
- Pimienta y sal (a gusto)
- Salsa de tomate

Cómo se preparan

1. Salcoche los huevos, córtelos en dos, y extráigales las yemas.
2. Amase las yemas con el perejil picado, mantequilla, pimienta molida, y sal.
3. A fuego bajo, coloque esta mezcla en la hornilla para que los ingredientes se unan bien a la mantequilla. Si lo prefiere, a la mezcla puede agregar salsa de tomate (a gusto).

4. Permita que la mezcla se enfríe y endurezca. Después, rellene las claras.

5. Envuelva las claras en huevo batido... ¡y fríalas!

6. Si lo prefiere, omita este paso y enfríe los huevos rellenos en el refrigerador. Sirva directamente.

HUEVOS RELLENOS CON BACON

Ingredientes

- 8 huevos salcochados
- 2 tiras de bacon
- 1 cucharadita de mostaza
- 1 cucharadita de mantequilla

Cómo se preparan

1. Salcoche los huevos y córtelos al medio (a lo largo).

2. En el mortero, aplaste las yemas y el tocino frito. Agregue la mantequilla y la mostaza. Una todo bien.

3. Coloque la pasta en la manga pastelera, y rellene de nuevo los huevos.

4. Sírvalos sobre hojas de lechuga y rodajas de tomate.

HUEVOS BENEDICTINOS

Ingredientes

- 3 acemitas picadas al centro (horizontalmente)
- 6 huevos fritos en agua
- 1 taza de salsa bechamel
- 2 cucharadas de perejil (bien picadito)
- 1 latica de jamón del diablo

Cómo se preparan

1. Tome las acemitas picadas y tuéstelas.

2. Untelas de jamón del diablo y colóquelas en el horno (a 375 grados F) por unos 3 minutos.

3. Sáquelas del horno y colóqueles el huevo escalfado sobre cada pedazo.

4. Cúbralas con salsa bechamel, y adorne con perejil picadito. Sírvalas bien caliente.

HUEVOS HABANEROS

Ingredientes

- 1 1/2 taza de sofrito
- 6 huevos

- 1 vaso de agua
- 1 cucharadita de mantequilla

Cómo se preparan

1. Prepare un sofrito.
2. Ponga los huevos en un recipiente engrasado, y viértala la salsa por arriba.
3. Hornée (a 350 grados F) por 10 minutos.

HUEVOS VICTORIANOS

Ingredientes

- 1 latica de anchoas
- 8 huevos
- 14 aceitunas
- 1 cucharada de perejil (bien picadito)
- 1 cucharada de pimienta
- 3 cucharadas de aceite

Cómo se preparan

1. Engrase ligeramente las tarteritas en aceite. Añádales los huevos enteros.
2. Cubra las claras con las anchoas y las aceitunas; las yemas con el perejil (bien picadito).
3. Sazone con pimienta y hornée (a 350 grados F) por 10 minutos.

HUEVOS EN RUEDAS

Ingredientes

- 8 huevos
- 1/4 taza de aceite
- 6 cucharadas de galleta molida
- 2 cucharadas de queso amarillo
- 1 cebolla
- 1 cucharadita de pimienta
- 1 cucharadita de sal

Cómo se preparan

1. Salcoche los huevos y quíteles la cáscara. Córtelos en rodajitas.
2. Colóquelos en un molde refractario, écheles aceite y añada la galleta molida, sal, pimienta, queso rallado y la cebolla (bien picadita).
3. Hornée (a 350 grados F) durante 15 minutos.

Sugerencia útil: Si quiere lograr una mejor presentación para esta receta, permita que los huevos se enfríen antes de cortarlos. Asimismo, procure que todas las rodajas de huevo queden bien cortadas y de igual tamaño.

HUEVOS AL PLATO

Ingredientes

- Huevos
- Espinacas
- Mantequilla
- Queso parmesano (rallado)

Cómo se preparan

1. En el fondo de una tártara (untada previamente con mantequilla), coloque las espinacas ya cocinadas y cortadas en pedazos gruesos.

2. Agregue pequeñas porciones de mantequilla sobre las mismas y espolvoréelas con el queso parmesano rallado.

3. Cocínelas en el horno a temperatura media (350 grados).

4. Una vez que observa que el queso está comenzando a derretirse sobre las espinacas, retire la tártara del horno. Parta sobre el preparado los huevos, y agregue (sobre ellos) más mantequilla y queso.

5. Coloque nuevamente la tártara en el horno (a 350 grados), para que los huevos cuajen y todo se cocine junto.

HUEVOS ENCEBOLLADOS

Ingredientes

- 8 huevos
- 2 cebollas
- 2 cucharadas de mantequilla
- 2 cucharaditas de sal
- 1/4 cucharadita de pimienta
- 1 cucharada de perejil
- 1/4 lb de jamón de cocina

Cómo se preparan

1. Engrase ligeramente los recipientes donde va a colocar los huevos (2 huevos por cada tártara).

2. Rompa los huevos (sin que se mezclen las claras y las yemas). Sazone con sal, pimienta y el jugo de cebollas.

3. Cubra las yemas con perejil (picado) y las claras con jamón (bien pica-dito). Agregue trocitos de mantequilla.

4. Hornée (a 350 grados F) por 5 minutos... hasta que las claras estén blancas.

HUEVOS CON JAMON

Ingredientes

- 6 huevos
- 6 lascas de jamón
- 1 cucharadita de sal
- 1/4 cucharadita de pimienta blanca
- 1 cucharada de perejil

Cómo se preparan

1. Fría los huevos. Antes de colocarlos en el plato, coloque una lasca de jamón (previamente pasada por manteca bien caliente).

2. Sazone con sal, pimienta y perejil (picadito).

HUEVOS A LA CREMA

Ingredientes

- 8 huevos
- 2 tazas de leche
- 1 cucharadita de sal
- 1/4 cucharadita de pimienta
- 1 cucharada de mantequilla
- 2 cucharadas de queso amarillo
- 1 cucharada de perejil (bien picadito)
- 1 limón
- 1/4 lb de pan
- 1 cucharada de manteca

Cómo se preparan

1. Cocine la miga de pan con una taza de leche (hasta que se reduzca a puré).

2. Baje el fuego y agréguele los 6 huevos batidos, el queso, la sal y la pimienta.

3. Cuando todo esté unido, vierta en la sartén con la manteca y prepare una tortilla.

4. Una vez cocinada, bájela del fuego y córtela en cuadraditos. Añada seguidamente la siguiente salsa: Derrita 1 cucharada de mantequilla y añada el perejil (picadito), sal, pimienta y la corteza de limón.

5. Aparte: bata 2 huevos (ligeramente) y únalos a 1 taza de leche.

6. Agregue la salsa al sofrito anterior, cocine por 15 minutos y vierta encima de la tortilla.

HUEVOS CON CHAMPIÑONES

Ingredientes
- 12 huevos
- 1 lata de champiñones
- 4 cucharadas de mantequilla
- 1 cucharadita de sal
- 1/4 cucharadita de pimienta
- 1/4 taza de agua
- 1 taza de miga de pan (mojado en leche)

Cómo se preparan

1. Saltée los champiñones en 1 cucharada de mantequilla caliente.

2. Sazone con sal y pimienta. Agregue al agua y cocine por 10 minutos.

3. Escurra. En una tartarita, coloque la miga de pan y los champiñones. Coloque encima los huevos y sazónelos con sal y pimienta. Agrégueles un trocito de mantequilla.

4. Hornée (a 350 grados F) por 10 minutos, hasta que los huevos estén cocidos.

HUEVOS CON ESPARRAGOS

Ingredientes
- 10 huevos
- 1 lata de espárragos
- 1/8 lb de mantequilla
- 1 cucharadita de sal
- 1/4 cucharadita de pimienta

Cómo se preparan

1. Coloque los espárragos en un recipiente apropiado. Echeles, por encima, 3 cucharadas de mantequilla derretida.

2. Coloque encima los huevos, teniendo cuidado de no romperlos al abrirlos.

3. Sazone con sal y pimienta. Añada, sobre cada huevo, un trocito de mantequilla.

4. Hornée (a 350 grados F) hasta que los huevos estén cocidos… unos 10 minutos.

HUEVOS A LA GUAJIRA

Ingredientes

- 12 huevos
- 1/4 lb de jamón (ó 3 lascas de bacon frito y picadito)
- 1 cucharada de mantequilla
- 1 cucharada de perejil (bien picadito)
- 1/2 cucharadita de sal
- 1/4 cucharadita de pimienta
- 1 cucharadita de mostaza
- 1/4 taza de leche
- 1 taza de salsa mayonesa

Cómo se preparan

1. Salcoche los huevos y déjelos enfriar. A continuación, quíteles una pequeña tapita (en la parte superior e inferior) para que el huevo pueda quedarse parado.

2. Extraiga la yema lo mejor que pueda (con la punta de un cuchillo), teniendo en cuenta de no romper la clara.

3. En un mortero, maje la yema con la mantequilla, la mostaza, la sal, la pimienta, la leche y el jamón (o el bacon).

4. Cuando todos los ingredientes estén bien unidos, rellene nuevamente los huevos. Cubra con la salsa mayonesa y "siémbrele" una ramita de perejil en la parte superior.

HUEVOS YUMURI

Ingredientes

- 10 huevos
- 1 lata de espárragos
- 1/2 taza de aceite
- 1/4 cucharadita de canela en polvo
- 1/2 cucharada de perejil
- 2 tazas de caldo básico (ver receta)
- 1/2 cucharadita de sal

Cómo se preparan

1. Pique los espárragos en pedacitos chiquititos y fríalos en aceite.

2. Añádale la canela en polvo y el perejil (muy picadito). Cuando estén fritos, añádale el caldo y los huevos duros (picados en trocitos).

3. Sazone y cocine por unos 10 minutos.

HUEVOS A LA MALAGUEÑA

Ingredientes

- 4 huevos
- 1/8 lb de jamón
- 4 puntas de espárragos
- 2 cucharaditas de catsup
- 1 latita de petit pois
- 1/4 lb de camarones
- 2 cucharaditas de mantequilla

Cómo se preparan

1. Engrase dos tártaras pequeñas con mantequilla.

2. Aparte: corte el jamón en pedacitos; cocine y pele los camarones.

3. Luego, ponga dos huevos (crudos) en cada tartarita, y espolvoréelos con sal y pimienta. Después, cúbralos con el jamón picadito, las puntas de los espárragos, los petit pois, y los camarones (cortados previamente en pedacitos).

4. Cubra los huevos con la salsa de tomate catsup; y sobre cada uno de ellos, agregue 1 cucharadita de mantequilla.

5. Hornée a 325 grados F (hasta que los huevos estén cocinados).

HUEVOS TORREMOLINOS

Ingredientes

- 10 huevos
- 1/4 lb de jamón
- 1 cucharadita de sal
- 2 cucharadas de mantequilla
- 5 cucharadas de salsa de tomate (catsup)
- 1/4 cucharadita de pimienta
- 1 lata de punta de espárragos
- 1 lata de camarones (o 1/2 lb de camarones frescos)
- 1/2 taza de petit pois

Cómo se preparan

1. Tome 5 tartaritas y únteles mantequilla.

2. Coloque 2 huevos en cada tartarita, y agregue un trocito de mantequilla, un poco de salsa de tomate, las puntas de los espárragos, los petit pois, un poco de jamón (bien picado), y los camarones.

3. Hornée (a 350 grados F) por 10 minutos.

HUEVOS VERDES

Ingredientes

- 6 huevos
- 4 mazos de espinacas
- 1/2 taza de agua hirviendo
- 1 cucharadita de sal
- 1/4 cucharadita de pimienta
- 1 cucharada de mantequilla
- 1/4 lb de queso amarillo

Cómo se preparan

1. Salcoche las espinacas con agua, sal y pimienta. Cuando estén cocidas, quítelas del fuego y páselas por un colador, reduciéndolas a puré.

2. Agregue la mantequilla, la harina y el queso amarillo (rallado).

3. Sazone con sal y pimienta; mezcle con las claras batidas (a punto de nieve).

4. Divida la pasta en dos. Coloque una parte sobre un recipiente engrasado, abra seis hoyitos y sobre ellos coloque las yemas, cubra con el resto de la pasta.

5. Hornée (a 375 grados F) por 5 minutos.

TORTILLA DE HUEVO Y JAMON (A LA FRANCESA)

Ingredientes

- 1/4 de jamón
- 10 huevos
- 1/2 cucharadita de sal
- 1/4 cucharadita de pimienta
- 4 cucharas de leche
- 1 cucharada de mantequilla
- 1 cucharada de polvo de hornear

Cómo se preparan

1. Bata los huevos con el polvo de hornear; añada la leche y bata fuertemente (por 5 minutos).

2. Añada el jamón (picado en trocitos). Sazone con sal y pimienta y vierta en la sartén (con la mantequilla bien caliente).

3. A los 4 minutos, doble por la mitad. Cocine por 4 minutos y vierta en una fuente. Debe estar suave por dentro.

Sugerencia útil: Si lo prefiere, puede hacer esta misma tortilla con 3/4 taza de petit pois o cuadraditos de papitas fritas a la francesa.

TORTILLA A LA ESPAÑOLA

Ingredientes

- 6 huevos
- 1/2 taza de petit pois
- 1 cucharadita de polvo de hornear
- 1 cucharadita de sal
- 1/4 cucharadita de pimienta
- 1 cucharada de manteca

Cómo se preparan

1. Bata los huevos enteros con el polvo de hornear; sazone con sal y pimienta.

2. Agregue el petit pois y viértalo sobre una sartén, con la manteca bien caliente.

3. Cocine bien de un lado y déle vuelta (con una tapa) y cocine bien del otro lado.

TORTILLA DE PETIT POIS

Ingredientes

- 8 huevos
- 1/2 taza de petit pois
- 1 cucharadita de sal
- 1/2 cucharadita de pimienta
- 2 cucharadas de manteca
- 1 cucharadita de polvo de hornear

Cómo se preparan

1. Bata los huevos (ligeramente) con el polvo de hornear. Agregue la sal y pimienta a su gusto. MUY IMPORTANTE: Si desea que la tortilla quede más blanda en su interior, a la mezcla anterior agréguele 1 cucharada grande de leche.

2. Añada los petit pois viértalo todo en una sartén (con manteca bien caliente).

3. Permita que se cocine por ese lado. Después, dóblela en dos y cocine por 2 minutos más.

TORTILLA DE PLATANOS MADUROS

Ingredientes

- 8 huevos
- 1 plátano bien maduro
- 1 cucharadita de sal

- 1/4 cucharadita de pimienta
- 1/2 taza de manteca
- 1 cucharadita de polvo de hornear

Cómo se preparan

1. Corte el plátano (en pedacitos pequeños o ruedas) y fríalo.
2. Prepare una tortilla a la francesa.
(Vea la receta en esta misma sección).

TORTILLA DE HUEVO SOUFFLE

Ingredientes
- 6 huevos
- 1 cucharadita de harina
- 3 cucharadas de azúcar
- 1 cucharadita de sal
- 1 limón
- 1 cucharadita de polvo de hornear
- 1 taza de salsa bechamel

Cómo se preparan

1. Bata las yemas y añádalas el azúcar y la harina.
2. Cuando esté unido, agregue el limón y la sal.
3. Por último, añádale las claras batidas (a punto de nieve) con el polvo de hornear.
4. Vierta en un molde engrasado y cocine en el horno (a 375 grados F), hasta que esté dorada… unos 15 minutos.
5. Sirva con la salsa bechamel.

REVOLTILLO CUBANO

Ingredientes
- 6 huevos
- 1/4 taza de leche
- 1 cucharadita de sal
- 4 cucharadas de mantequilla

Cómo se preparan

1. Bata los huevos con la leche y la sal. Caliente la mantequilla en la sartén y vierta en ella los huevos batidos.
2. Cocínelo todo a fuego lento, cuidando de mover las partes ya cua-

jadas del revoltillo con la espátula de madera o de goma (para no dañar la sartén).

3. Cocine hasta que toda la mezcla cuaje… ¡y cuidado no se le seque!

4. Sirva con lascas de jamón o bacon con tostadas.

REVOLTILLO A LA CREMA

Cómo se preparan

En la receta del revoltillo cubano, sustituya la leche por crema de leche (o leche evaporada).

REVOLTILLO CON JAMON A LA CREMA

Cómo se preparan

Al batir los huevos, añádales un queso crema de 8 oz y 1/4 lb de jamón picadito.

REVOLTILLO CON BACON

Como se preparan

1. Sofría 4 tiras de bacon (hasta que estén doraditas y suelten toda su grasa).

2. Bata los huevos con el bacon (picadito). Use la grasa del bacon en lugar de la mantequilla para preparar el revoltillo.

REVOLTILLO DE JAMÓN

La misma receta del revoltillo cubano, sólo que debe añadirle 1/4 lb de jamón dulce molido.

REVOLTILLO CON QUESO

Cómo se preparan

Al batir los huevos, añádale 1/4 lb de queso rallado.

PISTO

Ingredientes

- 1/4 taza de sofrito
- 1/2 taza de petit pois
- 1/4 libra de jamón
- 1/2 lb de papas

- 1 cucharada de perejil (bien picadito)
- 1/2 cucharadita de sal
- 1/4 cucharadita de pimienta
- 10 huevos
- 2 cucharadas de mantequilla
- 1 cucharadita de polvo de hornear

Cómo se preparan

1. Bata los huevos con el polvo de hornear y añada el sofrito de tomate, el jamón (bien picadito), los petit pois y las papas (picaditas en trocitos y fritas previamente).

2. Sazone con sal y pimienta. Eche todo en la sartén, con la mantequilla ya derretida.

3. Muévalo de cuando en cuando, hasta que el huevo esté coagulado (3 minutos).

PISTO MANCHEGO

Ingredientes

- 1 lb de papas
- 1/2 lb de masa de puerco
- 1 lb de camarones
- 1/4 lb de jamón en dulce
- 1/2 taza de aceite
- 1 cebolla
- 1 ají (grande)
- 3 dientes de ajo
- 1/2 taza de salsa de tomate
- 2 cucharadas de vino seco
- 10 huevos
- 1 cucharada de sal
- 1/2 cucharadita de pimienta
- 1 lata pequeña de puntas de espárragos
- 1 lata (o pomo) de pimientos morrones
- 1 latica de petit pois

Cómo se preparan

1. Corte la papas y la masa de cerdo en pequeños cuadraditos. Fríalas.

2. Hierva los camarones y límpielos. Asimismo, corte el jamón en pedacitos.

3. En aceite caliente sofría la cebolla (picadita), los ajos (machacados) y el ají (picadito). Añada después la salsa de tomate y el vino seco.

4. Cocine por unos minutos y añádale seguidamente las papas fritas, las masas de cerdo, los camarones, el jamón y los huevos (batidos con sal y pimienta).

5. Continúe cocinando (siempre a fuego lento) y revolviendo constantemente hasta que la mezcla empiece a cuajar. En ese momento, añádale la mitad de los espárragos picaditos (1/2 taza) y la mitad de los petit pois.

6. Continúe cocinando y revolviendo hasta que la mezcla se vuelva espesa… sin dejar que se seque demasiado.

7. Sírvalo inmediatamente sobre pan frito en aceite y adórnelo con los pimientos morrones y el resto de los espárragos y el petit pois.

PISTO MIXTO

Ingredientes

- 8 huevos
- 1/4 lb de papas
- 1/2 lb de camarones
- 1/2 lb de pescado
- 1/4 lb de carne
- 8 tomates
- 1 ají
- 1 cebolla
- 1 cucharada de sal
- 1/2 cucharadita de pimienta
- 1/4 lb de manteca
- 1 cucharadita de vinagre

Cómo se preparan

1. Bata los huevos (ligeramente). Sazone con sal y pimienta; agregue los camarones, el pescado y la carne (cocinados previamente en agua y con sal y pimienta).

2. Incorpore ahora las papas (fritas y picadas en cubitos).

3. Cocine todo esto en un sofrito preparado con ají, tomate, cebolla, 2 cucharadas de manteca y vinagre. MUY IMPORTANTE: Cocínelo ligeramente ya que, de lo contrario, le quedará duro.

PISTO DE PESCADO

Ingredientes

- 1/2 lb de pescado (en ruedas)
- 1/2 lb de camarones

- 1 lb de almejas
- 10 huevos
- 2 cucharadas de mantequilla
- 3 cucharadas de leche
- 1 cucharadita de polvo de hornear
- 3/4 taza de sofrito

Cómo se preparan

1. Salcoche ligeramente el pescado, los camarones y las almejas.

2. Límpielos y mézclelos con los huevos (batidos de antemano), con el polvo de hornear y la leche.

3. Agréguele el sofrito y la mantequilla. Cocine, revolviendo con un tenedor.

2

LOS CALDOS,
LAS SOPAS,
Y LAS CREMAS

CALDO BÁSICO

Ingredientes

- 1/2 lb de falda (picadita)
- 1/2 lb de huesos
- 1 cebolla
- 6 tomates
- 1 ají
- 3 dietes de ajo
- 1 ramita de perejil
- 1 hora de laurel
- 1 cucharada de sal
- 3 litros de agua
- Colorante

Cómo se preparan

1. Cocine todos los ingredientes en agua fría, durante 1 1/2 horas (deberán reducirse a la mitad).

2. Páselos por un colador bien fino.

MUY IMPORTANTE: Este caldo básico puede ser preparado con anticipación y mantenido en el refrigerador. Se emplea en la preparación de diferentes platos, por lo que a veces nos referimos a él como un ingrediente básico.

CALDO DE RES

Ingredientes

- 1/2 lb de falda
- 1 hueso para sopa
- 6 tazas de agua
- 1 cucharada de sal
- 3 dientes de ajo
- 3 tomates
- 3 ajíes
- 1 macito de perejil
- 1 cebolla

Cómo se preparan

1. Corte la carne en trozos de unas 2 ó 3 pulgadas. Ponga todos los ingredientes en una cacerola apropiada.

2. Déjelos en remojo durante media hora, aproximadamente.

3. Ponga la cacerola al fuego, y cuando comience a hervir, baje la llama para que se cocine a fuego mediano (durante unas dos horas).

4. Mantenga la cacerola bien tapada. Cuele el caldo.

MUY IMPORTANTE: El caldo de res puede servirse en un plato hondo o en una taza. En un plato hondo, pruébelo agregando fideos.

CALDO DE POLLO

Ingredientes

- 1/2 pollo (con los menudos)
- 6 tazas de agua
- 2 tomates
- 1 cucharadita de sal
- 1 ají
- 4 dientes de ajo
- 1 cebolla (grande)

Cómo se preparan

1. Corte el pollo en porciones y colóquelo en una cacerola, incluyendo todos los menudos y demás ingredientes.

2. Déjelo cocinar (a fuego mediano) durante una hora y media o dos horas.

3. Cuele el caldo. Reserve el pollo para preparar otros platos (desmenuzado en el caldo, es una sopa deliciosa).

Sugerencia útil: Esta misma receta puede ser utilizada para preparar el caldo de pescado o caldo de carne. Sencillamente, en los ingredientes, sustituya el pollo por pescado o carne de res (preferiblemente falda).

CALDO VEGETAL

Ingredientes

- 1 taza de zanahoria (picadita)
- 1 nabo
- 1 lb de papas
- 1/4 lb de arroz
- 3 ajos puerros
- 8 tomates
- 1 ají
- 1 hoja de laurel
- 1 lb de calabaza
- 6 granos de pimienta
- 1 cucharada de sal

- 3 litros de agua
- 1 cebolla
- 2 mazorcas de maíz

Cómo se preparan

1. Pele y limpie todos los ingredientes; cocínelos en agua (a fuego lento) por espacio de 1 1/2 horas.

2. Pase todo por un colador fino y sazone con sal (al gusto).

3. Cocine nuevamente, hasta que espese.

CONSOME DE APIO

Ingredientes
- 1 lb de falda
- 8 tomates
- 6 hojas con sus tallos de apio
- 6 granos de pimienta blanca
- 3 litros de agua
- 2 hojas de laurel
- 1 limón
- 2 claras de huevos
- 1 cucharada de sal
- 1 ají
- 1 cebolla
- 2 dientes de ajo

Cómo se preparan

1. Coloque en agua fresca la falda picada en trocitos, agréguele los tomates, la pimienta, el ají, la cebolla, el laurel, el ajo y la sal.

2. Cocine (a fuego lento) y permita que hierva por 2 horas, aproximadamente.

3. Pase todo por un colador fino. Agréguele las claras (batidas) y hierva nuevamente.

4. Sazone con sal y zumo de limón (al gusto).

CONSOME VEGETAL

Ingredientes
- 2 zanahorias
- 3 hojas de apio
- 2 nabos

- 2 ajos puerros
- 1 cebolla
- 2 dientes de ajo
- 1 mazo de espinacas
- 8 ramitas de berro
- 1 ají
- 4 tomates
- 3 litros de agua
- 1 cucharada de sal

Cómo se preparan

1. Lave todas las verduras y cocine en agua con sal (por 3 horas).

2. Después de pasadas las 3 horas, baje el fuego y pase todo por un colador o tamiz muy fino.

SOPA DE AJOS A LA CRIOLLA

Ingredientes

- 1/4 lb de pan (con su corteza) cortado en pedacitos muy pequeños
- 1 cucharadita de perejil
- 7 cucharadas de aceite de oliva
- 4 huevos
- 2 tazas de agua
- 7 dientes de ajo (grandes)
- Sal (a gusto)

Cómo se preparan

1. Sofría los ajos en el aceite de oliva; sepárelos.

2. En el mismo aceite, sofría los pedazos pequeños de pan, procurando que no se doren.

3. Agregue el agua hirviendo, así como un poco de sal.

4. Cocine (a fuego lento) hasta que cuaje, machacando los dientes de ajo, que se le añaden a la sopa.

5. Agregue los huevos (bien batidos) y el perejil. Revuelva fuera del fuego.

6. Sirva en boles pequeños.

SOPA DE CEBOLLAS

Ingredientes

- 2 cebollas (grandes)
- 1/4 taza (2 oz) de manteca

- 6 tazas de consomé
- 18 rebanadas de pan (finas)
- Queso Gruyere

Cómo se preparan

1. Corte las cebollas en rodajas finas y sofríalas en la manteca.

2. Cuando se hayan ablandado (no doradas), agrégueles las seis tazas de consomé. Permita que hierva.

3. Dore al horno las rodajas finas de pan y agréguelas a la sopa.

4. Cubra todo con queso Gruyere abundante.

5. Coloque el recipiente en el horno (a 350 grados) hasta que se gratine completamente.

SOPA DE CHAMPIÑONES

Ingredientes

- 6 tazas de crema bechamel
- 2 tazas de champiñones (con su propia agua)
- 1 taza de crema al 40%
- 2 yemas de huevo
- 1 pechuga de pollo

Cómo se preparan

1. Prepare la salsa bechamel, y cuando todavía esté caliente, agréguele los champiñones (picados en trocitos pequeños) y el agua. Cocine a fuego medio hasta que vaya a comenzar a hervir.

2. Bata las 2 yemas e intégrelas a la mezcla. MUY IMPORTANTE: Evite que el huevo se cocine y forme grumos.

3. Agréguele la pechuga (picada previamente en trocitos pequeños). Cocine nuevamente.

4. Bata la crema y agréguela. Revuelva para que todos los ingredientes se integren debidamente.

SOPA DE FRIJOLES NEGROS

Ingredientes

- 3 tazas de frijoles
- 4 litros de agua
- 2 cebollas
- 2 ajíes
- 4 dientes de ajo

- 1 taza de aceite
- 1/4 lb de pan
- 1 hoja de laurel
- 1 cucharada de sal
- 8 granos de pimienta

Cómo se preparan

1. Cocine los frijoles negros con 1 cebolla, 1 hoja de laurel, 2 dientes de ajo y 1 ají.

2. Cuando los frijoles estén blandos: añádales un sofrito de cebolla, aceite, ají y ajo. Sazone y cocine por 30 minutos.

3. Prepare un puré con los fijoles negros y únalos al caldo, pasando todo por un colador. Cocine por 15 minutos más.

SOPA DE HUEVOS

Ingredientes

- 4 huevos
- 2 tazas de harina
- Nuez moscada
- 1 caldo básico

Cómo se preparan

1. Bata los huevos y añádale (poco a poco) la harina y un poco de nuez moscada. Amase hasta lograr una masa suave y lisa. Permita que repose por 2 ó 3 horas.

2. Coloque la pasta en un colador de agujeros y déjela caer en el caldo básico (hirviendo). **MUY IMPORTANTE**: Apriete la masa con una cuchara para que se integre totalmente al caldo.

SOPA DE PAPAS

Ingredientes

- 1 1/2 lbs de papas
- 1 caldo básico

Cómo se preparan

1. Prepare un caldo básico, hiérvalo y añádale las papas.

2. Una vez que las papas se ablanden, prepare con ellas un puré y échelo nuevamente en el caldo. Cocine (a fuego lento) hasta que espese.

SOPA DE PESCADO

Ingredientes

- 2 cabezas de pescado (medianas); preferiblemente pargo o cherna
- 2 cebollas
- 2 cucharadas de salsa de tomate
- 2 ajos (molidos) o polvo de ajo
- 1/4 cucharadita de pimienta
- 2 papas
- Fideos (a gusto)
- 4 rodajas de pan

Cómo se preparan

1. Ponga a salcochar (durante media hora) las cabezas de pescado.

2. Cuele el caldo.

3. Prepare un sofrito (con cebollas picadas, muy finitas; salsa de tomate, pimienta y ajos). Añada todo esto al caldo, con las papas, las cuales debe picar previamente en trocitos.

4. Cuando las cabezas de pescado estén blandas, sáqueles las masas. Añádalas al caldo, con una rueda de pan frito, y déjelas hervir.

5. Sirva en platos hondos o boles pequeños.

CALDO DE PESCADO

Emplée los mismos ingredientes del caldo básico, sustituyendo la carne por 2 cabezas de pescado.

SOPA DE PLATANO

Ingredientes

- Caldo
- Mariquitas (galletitas) de plátano verde
- Sal y limón (a gusto)

Cómo se preparan

1. Para cada taza de caldo que vaya a utilizar necesitará 1/2 taza de mariquitas de plátano verde frito. Muela las mariquitas hasta que obtenga un polvo fino.

2. Una el polvo de las mariquitas con el caldo y cocínelo a fuego lento. Añada sal y limón a su gusto.

MUY IMPORTANTE: Para preparar las mariquitas (o galletitas de plátano verde), corte el plátano en pequeñas rodajitas. Póngalas en agua con sal hasta el momento de freír (para que se mantengan). Escurra bien antes de freír (en aceite bien caliente) y espárzalas en la sartén para evitar que se peguen unas con otras. Coloque sobre un papel absorbente (para eliminar la grasa). Agregue sal.

SOPA TARTARA

Ingredientes

- 2 pechugas de pollo
- 4 yemas de huevo
- 6 tazas de agua
- 3 dientes de ajo
- 4 tomates
- 1 cebolla
- 1 ají
- 1 cucharadita de sal
- Unas ramitas de perejil
- Pan (picadito)

Cómo se preparan

1. En una cacerola, eche las seis tazas de agua. Agregue el pollo y los condimentos.

2. Añada el pan picadillo, y deje hervir (a fuego mediano) hasta que el caldo quede reducido a cuatro tazas.

3. Muela la masa de las pechugas y agréguelas al caldo.

4. En platos hondos (o boles), donde previamente debe haber colocado las yemas de los huevos (una en cada plato), vierta la sopa (bien caliente). Si así lo prefiere, añada un poquito más de sal.

CREMA DE ESPINACAS

Ingredientes

- 3 cucharadas de mantequilla
- 3 cucharadas de harina
- 2 tazas de leche
- 1 cucharadita de sal
- 1/8 cucharadita de pimienta
- 2/3 taza de espinacas (cruda y picadita)

Cómo se preparan

1. Con la mantequilla, harina, y leche, prepare una salsa blanca. Sazónela.

2. Cuando se espese, añada las espinacas (frescas y picadas muy finitas).

3. Contiúe cocinando (por 6 ó 7 minutos) a fuego lento o a baño de María... por unos 12 ó 15 minutos.

4. Sírvala inmediatamente...

CREMA DE TOMATE

Ingredientes

- 2 tazas de salsa bechamel
- 3 ó 4 tazas de tomates naturales
- 1 cebolla (mediana, bien picadita)
- 1 cucharada de azúcar
- 1 cucharadita de sal
- 1/8 cucharadita de pimienta

Cómo se preparan

1. En un recipiente apropiado, coloque los tomates y agrégueles 6 cucharadas de agua, la cebolla, sal, pimienta y azúcar. Permita que todo se cocine, a fuego lento, durante 5 minutos.

2. Pase la mezcla por un colador fino y únalo a la salsa bechamel.

3

LOS POTAJES MAS

NUTRITIVOS

AJIACO CRIOLLO

Ingredientes

- 1 1/2 tazas de sofrito (ver receta)
- 2 lbs de aguja de puerco
- 1 lbs de masa de puerco
- 1/2 lb de boniato
- 1/2 lb de yuca
- 1/2 lb de ñame
- 1/2 lb. de malanga
- 1/2 lb de malanga amarilla
- 3 plátanos verdes
- 3 plátanos maduros
- 8 mazorcas de maíz
- 2 cucharadas de sal
- 3 limones
- 1/2 lb de tasajo
- 1/2 calabaza
- 1/2 taza de manteca

Cómo se preparan

1. En un recipiente apropiado, hierva (en 8 litros de agua) aquellas viandas más duras: yuca, malanga blanca y amarilla. También agregue las carnes, con la aguja.

2. Cuando haya hervido una hora, añádale el sofrito y el resto de las viandas. MUY IMPORTANTE: Cocine los plátanos aparte, para que el caldo no se ponga negro.

3. Sazone con sal y agréguele el maíz. MUY IMPORTANTE: El maíz se puede añadir de tres modos: rallado, en albóndigas o en trocitos.

4. El zumo de los limones deberá agregarlo en el momento de servirlo.

Sugerencia útil: La clave del éxito en la preparación de esta receta es la selección adecuada de los ingredientes. En el ajiaco criollo, cada vianda aporta sus cualidades (sabor, consistencia, color). Elija plátanos no muy tiernos ni demasiado maduros. El maíz sí debe ser muy tierno; y las malangas y los boniatos deben estar en buen estado. Puede añadir chayote si es una vianda de su agrado.

AJIACO CUBANO

Ingredientes

- 1lb de carne de res (falda)

- 1 lb de masa de puerco
- 1/4 de tasajo
- 1 lb de huesos de puerco
- 1 lb de yuca
- 1/2 lb de ñame
- 1 lb de boniatos
- 1/2 lb de malanga blanca
- 1 plátano verde
- 1 plátano maduro
- 1 plátano pintón
- 3 mazorcas de maíz
- 1/2 lb de calabaza
- 1 ají
- 6 tomates pequeños (sin cáscara y sin semillas)
- 1 cebolla grande
- Sal (a gusto)
- Azafrán (o bijol)

Cómo se preparan

1. Corte el tasajo en pedazos, poniéndolo en remojo la noche anterior. MUY IMPORTANTE: elimine el agua antes de cocinarlo.

2. En una olla grande, eche 5 litros de agua. Agregue los huesos, el tasajo, la carne de puerco y la falda.

3. Cocínelo por una hora (a fuego lento). Después, agregue los plátanos verdes (cortados en trozos) y la malanga.

4. Vuelva a cocinar por media hora. Seguidamente, agréguele el ñame, el boniato, la yuca, la calabaza y el maíz.

5. Finalmente, agregue los plátanos pintones y maduros (cortados en trozos... ¡y con su cáscara!). Agregue la sal a su gusto.

ASOPAO PUERTORRIQUEÑO

Ingredientes
- 1 pollo de 2 libras (deshuesado)
- 1/2 cucharadita de pimienta
- 1/2 libra de carne de cerdo
- 2 pimientos verdes (picados)
- 6 tiritas de tocino
- 1 cebolla grande (cortada)
- 1 1/2 taza de jugo de tomate (exprimido y colado)

- 1/2 taza de aceite de oliva
- 1/2 taza de arroz
- Aceitunas rellenas (cortadas en rebanadas)
- 1 taza de guisantes
- Alcaparras
- Puntas de espárragos
- 1/2 taza de queso parmesano

Cómo se preparan

1. Ponga al fuego el tocino y el cerdo, y cuando comience a cocer, agréguele la cebolla y los ajíes.

2. Cocine por 20 minutos, teniendo cuidado de que no se quemen éstos.

3. Añada el jugo de tomate.

4. Aparte: ponga a calentar aceite de oliva en una sartén para dorar el pollo que de antemano se ha rociado con sal y pimienta.

5. Pase el pollo a la cazuela y deje hervir la sopa por 10 minutos, pudiéndolo añadirle más jugo de tomate si lo considerara necesario.

6. Echele el arroz hasta que hierva suavemente, sobre 20 minutos; agréguele las alcaparras y las aceitunas y déjela seguir calentando.

7. Al servirlo, agréguele las puntas de espárragos y los guisantes ya cocidos, rociándolo con queso parmesano.

MUY IMPORTANTE: Para mejores resultados, utilice carne de cerdo que no tenga demasiada manteca, y haga lo mismo con respecto al tocino. Este debe lavarse cuidadosamente en caso de que contenga demasiada sal. En cuanto al jugo de tomate, recuerde que debe ser natural. Siempre que pueda, prefiera no usar los jugos enlatados.

FRIJOLES NEGROS

Ingredientes

- 1 lb de frijoles negros
- 12 tazas de agua
- 6 cucharadas de aceite de oliva
- 1 cebolla grande
- 1 ají grande
- 6 dientes de ajo
- Sal y pimienta (a gusto)
- 1/4 cucharadita de orégano
- 1 hoja de laurel
- 1 cucharadita de vinagre

Cómo se preparan

1. Lave y escoja los frijoles; déjelos en remojo (con una hoja de laurel) hasta que estén hinchados.

2. Cocínelos en esa misma agua, hasta que estén bien blandos.

3. Sofría en una sartén (con aceite caliente) la cebolla cortadita, el ajo machacado y el ají cortado en tiras.

4. Incorpore este sofrito a los frijoles, añadiéndole sal y pimienta. Permita que todo se cocine (a fuego lento) hasta que se espese.

5. Cuando lo sirva, le puede añadir un poco de aceite de oliva y una cucharada de vinagre.

POTAJE DE GARBANZOS

Ingredientes

- 1 lb de garbanzos
- 1 chorizo
- 1/4 lb de tocino
- 1 hueso de jamón (ó 1/2 lb de jamón)
- 2 papas medianas
- 1 cebolla (grande)
- 4 dientes de ajo
- 2 cucharadas de puré de tomate
- 3 cucharadas de manteca
- 2 cucharadas de aceite
- 1/2 cucharadita de pimentón (ó 4 hebras de azafrán)
- 1/4 de col

Cómo se preparan

1. La noche anterior, ponga a remojar los garbanzos (con sal).

2. Antes de comenzar a cocinarlos (a fuego medio), elimine el agua. Colóquelos nuevamente en agua fría y agregue el tocino, el chorizo y el jamón.

3. Una vez que estén blandos, prepare un sofrito (con manteca, cebollas, ajo y puré de tomate), agregándoles las papas (cortadas en trocitos), así como la col.

4. Continúe cocinando (a fuego medio). Cuando note que todos los ingredientes están blandos, agregue un poco de pimentón (desleído en aceite caliente), para darle color.

5. Siga cocinando (a fuego medio) hasta que todo cuaje.

POTAJE DE LENTEJAS

Ingredientes

- 1 taza de lentejas
- 1/4 de papas
- 1/4 de jamón de cocina
- 3/4 taza de sofrito (hecho en aceite, en lugar de manteca)
- 6 tazas de agua
- 1/4 taza de aceite

Cómo se preparan

Siga las mismas instrucciones ofrecidas para los demás potajes.

POTAJE DE JUDIAS

Ingredientes

- 1 lb de judías
- 1 tomate grande (crudo)
- 1 cebolla grande
- 1 cabeza de ajo
- 1 hoja de laurel
- 2 granos de pimienta
- 4 cucharadas de aceite de oliva
- Sal (a gusto)
- 4 hebras de azafrán (o bijol)

Cómo se preparan

1. Remoje las judías para que se ablanden. En esa misma agua, póngalas al fuego (a fuego medio). MUY IMPORTANTE: ¡No les eche sal!

2. Cuando comience a hervir, elimine el agua y colóquela nuevamente en agua fría para continuar su coción a fuego medio. MUY IMPORTANTE: Tampoco les agregue sal.

3. Agrégueles el tomate, la cebolla, la hoja de laurel, los ajos y unos granos de pimienta. Continúe cocinando.

4. Una vez que comience a hervir, écheles aceite de oliva.

5. Al quitarlas del fuego, écheles pimienta y azafrán, todo molido. También, si así lo prefiere, puede agregarles sal y vinagre (al gusto).

FABADA ASTURIANA

Ingredientes

- 1 lb de judías buenas

- 1/2 lb de chorizos
- 1/2 lb de morcilla
- 1 oz de jamón español
- 1/4 lb de tocino
- 1 cebolla grande de 4 oz
- 1 taza de aceite de oliva
- 6 ó 7 hebras de azafrán (tostado)
- 3 litros de agua
- 1 cucharada de sal

Cómo se preparan

1. Cocine las judías en agua. Cuando comience a hervir, agregue 1/2 taza de agua fría (repita esta operación tres veces).

2. Agréguele la cebolla (cortada en 4 partes) y el aceite de oliva.

3. Cuando rompa de nuevo a hervir, agréguele el jamón, chorizo, tocino, morcilla y el azafrán (molido en el mortero con 1/2 cucharadita de sal).

4. Cocine (a fuego lento) por 3 horas aproximadamente. Sazone con sal y manténgalo caliente hasta el momento de servirlo.

OTRA VARIANTE: Algunas personas prefieren utilizar como ingredientes habas blancas, longaniza curada, lacón curado, una morcilla asturiana y sal. Puede agregar, si es su gusto, un pedazo de espizado de cerdo. Añada al agua hirviendo todos los ingredientes menos la sal. Una vez cocinado todo, añada sal a gusto. Sírvalo todo (habas y carnes) en una misma fuente.

POTAJE GALLEGO

Ingredientes

- 2 lb de berzas
- 1/2 lb de papas
- 1/2 lb de judías blancas
- 1/2 lb de col
- 1/3 lb de manteca
- 1 1/2 lb de carne de res
- 1 lb de jamón
- 1 chorizo (mediano)
- 1 morcilla (mediana)

Cómo se preparan

1. En una olla (a fuego lento) cocine todos los ingredientes, excepto las judías y las berzas. Permita que todos estos ingredientes se ablanden.

2. Aparte, cocine las berzas y las judías (las primeras para blanquearlas; las segundas para que no se desbaraten antes de tiempo).

3. Ahora, eche en la olla las berzas. Después, incorpore las judías.

4. Cuele la sopa, y sirva en una fuente aparte las legumbres y las carnes (sin desmenuzar).

COCIDO A LA MADRILEÑA

Ingredientes
- 1 lb de carne de res (falda)
- 1 lb de garbanzos
- 1/2 lb de jamón
- 1/2 gallina
- 1/2 lb de papas
- 1/4 lb de tocino
- 1/2 col
- Fideos (a gusto)
- 2 chorizos

Cómo se preparan

1. Ponga a remojar los garbanzos (con un poco de sal) desde la noche anterior. Enjuáguelos y déjelos en agua.

2. En una olla grande, con agua (y a fuego medio), ponga el jamón, el tocino, la falda y la media gallina.

3. Después que hierva durante una media hora, agregue los chorizos y los garbanzos. Continúe cocinando (a fuego medio), hasta que todo esté blando. En ese momento, agregue la papa y la col.

4. Vuelva a cocinar (a fuego medio) hasta que todos los ingredientes se hayan ablandado.

5. Cuele el caldo y échele los fideos para hacer la sopa.

6. Sirva los garbanzos, la col y las papas en una fuente.

7. Las carnes también se sirven en una fuente aparte.

4

¡TODO CON VIANDAS Y VERDURAS!

GUISO DE MAIZ TIERNO

Ingredientes

- 1/4 lb de jamón
- 3 cucharadas de aceite
- 1 cebolla
- 1 ají grande
- 3 dientes de ajo
- 1/2 taza de salsa de tomate
- 1 chorizo
- 2 cucharadas de vino seco
- 1 cucharadita de vinagre
- 1 cucharadita de sal
- 1/8 cucharadita de pimienta
- 2 tazas de agua
- 1 taza de papas (picadas en cuadritos)
- 1 taza de calabaza picada en cuadritos
- 2 paquetes de maíz congelado (2 tazas) ó 4 mazorcas de maíz tierno.

Cómo se preparan

1. Corte el jamón en pedacitos y sofríalo en el aceite con la cebolla, el ají y ajo… picaditos).

2. Añádale la salsa de tomate, el chorizo, la sal, la pimienta, el agua y las papas.

3. Cuando las papas empiecen a ablandarse, añádale la calabaza y el maíz.

4. Déjelo a fuego lento (aproximadamente 30 minutos). Si emplea las mazorcas de maíz, córtelas en rueditas finas o desgránelas.

TAMAL EN CAZUELA (EN MOLDE)

Ingredientes

- 20 mazorcas de maíz
- 1 lb de carne de puerco
- 1 cebolla (picadita)
- 1 latita de puré de tomates
- 2 dientes de ajo
- Pimienta
- Mantequilla
- Ajíes (cortaditos)

Cómo se preparan

1. Pele las mazorcas de maíz tierno, rállelas y páselas por el colador.

2. Sofría 1 libra de masa de puerco (cortada en pedazos) y agréguele la cebolla (finamente picada), la latita de puré de tomate, los ajos machacados y la pimienta.

3. Una vez preparada la salsa, póngale caldo o agua, agregándole luego el maíz. Mueva constantemente, hasta que compruebe que está cocinada. Entonces, colóquela en uno o dos moldes (según el tamaño), untados previamente con mantequilla.

4. Permita que se enfríe… y voltéelo poco antes de servirlo.

TAMAL EN HOJA (CON POLLO O CARNE DE CERDO)

Ingredientes

- 12 mazorcas de maíz
- 1 pollo chico (o 1 libra de masa de cerdo)
- 1 cebolla
- 4 dientes de ajo
- 1/2 latita de puré de tomate
- 1/4 cucharadita de pimienta
- 1/4 cucharadita de pimentón

Cómo se preparan

1. Pase por la máquina, empleando la cuchilla fina, el maíz ya rallado de las mazorcas.

2. En una cazuela de barro eche el pollo cortado en pequeños pedazos (o la libra de carne de cerdo… según su preferencia). Sofríalo con cebolla, tomate, ajo, ají, pimienta (a gusto) y pimentón.

3. Cuando la carne de cerdo (o del pollo) esté blanda, échele el maíz para formar una pasta.

4. Tenga las hojas cortadas y preparadas para echarles las porciones y amarrarlas.

5. En una vasija con agua hirviendo, vaya echando los tamales, los cuales deben cocinarse por una hora y media.

PURE DE CHICHAROS

Ingredientes

- 1 taza de chícharos pelados
- 3 tazas de agua
- 1/4 lb de masa de jamón
- Caldo

- 1 cebolla chica
- 1/2 ají de ensalada
- 1 taza de calabaza (cortada en pedacitos)
- 2 cucharadas de mantequilla
- 1/2 cucharadita de sal (aproximadamente)

Cómo se preparan

1. Lave los chícharos y remójelos desde la noche anterior.

2. A la mañana siguiente, bote el agua del remojo. Añádales agua fresca y el jamón cortado en trocitos. Cocine (a fuego medio) hasta que los chícharos comiencen a ablandarse. Agregue entonces el resto de los ingredientes.

3. Déjelo a fuego lento hasta que la calabaza esté blanda. Pase todo por el colador.

4. Sírvalo inmediatamente o déjelo en baño de María. Es apropiado presentar este plato con tostadas gratinadas o con pan frito en aceite de oliva.

Sugerencia útil: Si desea un puré o sopa más clara, aumente la cantidad de agua a 4 tazas. También, si no tiene caldo preparado anteriormente, puede utilizar cubitos instantáneos de caldo (de res o de pollo).

QUIMBOMBO A LA CUBANA

Ingredientes

- 2 tazas de quimbombó
- 1 lb de carne de cerdo
- 1 cebolla cortadita
- 2 cucharadas de puré de tomate
- Sal
- 2 cucharadas de manteca
- 2 dientes de ajo
- 1/2 cucharadita de vinagre

Cómo se preparan

1. Quíteles las cabezas y las puntas a los quimbombós y lávelos bien.

2. Póngalos en agua hirviendo hasta cubrirlos. Cocínelos (a fuego lento) por 15 minutos.

3. Agréguele una cucharadita de sal.

4. Aparte: fría la carne de cerdo en pedazos pequeños.

5. Prepare un sofrito con 2 cucharadas de manteca, la cebolla (bien cortadita), ajo (bien machacado) y puré de tomate. Incorpore la carne de cerdo ya frita a este sofrito.

6. Agregue todo esto al quimbombó y póngale media cucharadita de sal y media de vinagre

7. Deje hervir por 15 minutos.

BERENJENAS RELLENAS

Ingredientes
- 6 berenjenas (deben ser bien chiquitas)
- 1 picadillo de carne cruda (vea receta)
- 6 cucharadas de galleta molida
- 1 huevo

Cómo se preparan

1. Salcoche ligeramente las berenjenas y pártalas a la mitad. Sáqueles la masa del centro.

2. Esta masa pásela por un colador y añádasela al picadillo de carne.

3. Cuando esté seco, rellene las berenjenas, cúbralas con huevo batido, espolvoréelas con galleta molida y cocínelas en el horno (a 375 grados F) por 20 minutos... o hasta que estén doradas.

PARRILLADA DE BERENJENAS

Ingredientes
- 4 berenjenas
- 2 cucharadas de aceite
- 1 cucharada de vinagre
- 1 cucharada de orégano
- 1 cucharada de mantequilla
- 1/2 cucharadita de sal
- 1/4 cucharadita de pimienta

Cómo se preparan

1. Parta las berenjenas por la mitad y quíteles las tripas; pélelas y colóquelas en el siguiente adobo: una el aceite, el vinagre, la sal, el orégano y la pimienta.

2. Eche las berenjenas en esta preparación y déjelas por una hora.

3. Aselas en la parrilla. Añádales el adobo constantemente.

COLIFLOR CON LECHE

Ingredientes
- 2 tazas de coliflor picada

- 3 vasos de agua
- 1 cucharada dc sal
- 1/2 cucharadita de pimienta
- 4 cucharadas de harina
- 1 vaso de leche
- 2 cucharadas de mantequilla
- 1 cucharadita de limón

Cómo se preparan

1. Corte la coliflor y cocínela en el agua (con sal y pimienta).

2. Cuando esté blanda, quítela del fuego y viértala en la siguiente crema (que deberá haber preparado aparte): en una sartén, dore la harina, y cuando esté tostada, añádasela a la mantequilla y la leche, poco a poco.

3. Deje al fuego hasta que tenga un ligero espesor. Añada el limón, e incorpore la coliflor en esta crema. Deje al fuego 10 minutos.

4. Sazone con sal y pimienta.

COLIFLOR A LA CREMA
Ingredientes
- 1 coliflor (de tamaño regular)
- 1 taza de salsa bechamel
- 1/4 lb de queso amarillo
- 3 cucharadas de galleta molida

Cómo se preparan

1. Lave la coliflor y salcóchela, en un vaso de agua con sal.

2. Cuando esté blanda y picada en trocitos, agréguele la salsa bechamel. Espolvoréela con queso y galleta molida.

3. Hornée (a 375 grados F) por 10 minutos, hasta que esté dorado.

COLIFLOR CON QUESO
Ingredientes
- 1 vaso de agua
- 1 cucharada de sal
- 1 coliflor de regular tamaño
- 1/4 lb de queso amarillo

Cómo se preparan

1. Hierva el agua con la sal... y añádale la coliflor (bien lavada).

2. Cuando esté blanda, quítela del fuego y colóquela (cortada en pedazos finos) en un recipiente con el queso rallado.

3. Coloque una capa de coliflor y otra de queso (terminando con una de queso). Cocine por 15 minutos (a 375 grados F)... o hasta que el queso esté derretido y haya sido absorbido por la coliflor.

SUGERENCIA ESPECIAL: Si desea dar un toque de elegancia a su mesa, separe la coliflor en pequeñas porciones (cogollos) de manera que pueda después reconstruir su forma con ellas. Puede servirla rodeada de hojas de lechugas, bien frescas. Recuerde no cocinarla demasiado, porque se deshace y pierde consistencia. Una vez cocinada, escúrrale bien el agua. Si prefiere, puede añadir mantequila.

CHAYOTES RELLENOS

Ingredientes

- 4 chayotes (tamaño mediano)
- 1 cucharadita de vainilla
- 4 huevos
- 4 cucharadas de maicena
- 1 oz de pasas
- 2 oz de almendras
- 1 taza de leche
- 2 cucharadas de mantequilla
- 5 cucharadas de galleta molida
- 1/4 cucharadita de sal
- 1 taza de azúcar

Cómo se preparan

1. Salcoche los chayotes y quíteles la masa, cuidando de no romper la cáscara que va a utilizar después de rellenarlos.

2. Pase la masa por un colador, añádale la leche, la mantequilla, la maicena, el azúcar, la sal y las yemas de huevos.

3. Combine bien todos estos ingredientes, y póngalos al fuego, moviéndolos continuamente (con una cuchara de madera) hasta que tenga el espesor de una crema.

4. Agregue ahora la vainilla y añada las pasas.

5. Rellene las cáscaras, espolvorée con galleta molida, y decore con las almendras. Hornée a unos 375 grados F (por 20 minutos).

ESPINACAS CON MANTEQUILLA Y HUEVO

Ingredientes

- 2 tazas de espinacas (crudas)

- 1 cucharada de mantequilla
- 2 huevos
- 1 cucharada de sal
- 1/2 cucharadita de pimienta

Cómo se preparan

1. Lave las espinacas crudas; póngalas a cocinar (a fuego muy lento). MUY IMPORTANTE: Utilice únicamente el agua que quede entre las hojas de la espinaca.

2. Bájelas el fuego, añádales la mantequilla y sazónelas con sal y pimienta.

3. Sírvalas adornadas con huevos duros.

ESPINACAS FRITAS

Ingredientes

- 2 tazas de espinacas (crudas)
- 3 cucharadas de manteca
- 1/4 taza de leche
- 1/2 cucharada de sal
- 1 cucharada de harina
- 6 rebanadas de pan de molde
- 3 huevos
- 1 taza de galleta molida
- 1 taza de salsa bechamel

Cómo se preparan

1. Lave las espinacas y rehógelas en manteca. Añádales la leche, y cocine (a fuego lento).

2. Cuando estén blandas, sazónelas con sal y pimienta y agrégueles la harina. Siga cocinando (a fuego muy lento), hasta que tenga la consistencia de un puré.

3. Colóquelas en cada rebanada de pan. Envuélvalas en huevo y galleta y fríalas en manteca caliente.

4. Sírvalas cubiertas con salsa bechamel.

PAPAS CON CHORIZO

Ingredientes

- 2 lbs de papas
- 1 chorizo
- 8 granos de pimienta
- 1 cucharada de sal

- 1 cucharada de manteca
- 2 vasos de agua

Cómo se preparan

1. Pele las papas y colóquelas en el fuego con el agua, el chorizo, los granos de pimienta, la sal y la manteca.

2. Cubra bien y cocine (a fuego lento, casi al vapor) hasta que las papas estén blandas y el agua se evapore.

MUY IMPORTANTE: Utilice en la preparación de este plato papas de tamaño mediano, pero no muy grandes... De este modo se les impregna mejor el sabor del chorizo.

PLATANO VERDE SALCOCHADO

Ingedientes
- 1 plátano verde
- 1 taza de agua
- 1 cucharada de sal
- 1 limón

Cómo se preparan

1. Hierva el agua con limón. Agregue la sal y el plátano (pelado y cortado a la mitad).

2. Cocine (a fuego lento) durante 30 minutos.

PLATANOS RELLENOS

Ingredientes
- 6 plátanos pintones
- 1 picadillo (de carne cruda)
- Galleta
- 4 huevos
- 1 cucharada de sal
- 1/4 cucharadita de pimienta
- 1/2 lb de manteca

Cómo se preparan

1. Salcoche los plátanos (con sal y pimienta, al gusto).

2. Cuando estén blandos, májelos y forme bola con la masa. Ahueque con el dedo y coloque el picadillo. Cierre y vuelva a formar la bola. Envuélvalos en huevo y galleta.

3. Fríalos en manteca (bien caliente).

PIONONOS

Ingredientes

- 5 plátanos (bien maduros)
- 3 huevos
- 20 cucharadas de galleta molida
- 2 tazas de picadillo (de carne cruda)
- 1/2 lb de manteca

Cómo se preparan

1. Pele los plátanos bien maduros y píquelos en tres (a lo largo). Fríalos en manteca no muy caliente; déjelos enfriar.

2. Cuando ya estén medio fríos, déles la forma de un cilindro y páseles un palito de dientes (para que no se rompan).

3. Rellénelos en el centro con el picadillo de carne cruda y envuélvalos en huevo y galleta. MUY IMPORTANTE: Con 1 libra de carne (hecha picadillo) será suficiente para rellenar los 5 plátanos.

4. Fríalos en manteca caliente (a 325 grados F).

YUCA SALCOCHADA

Ingredientes

- 1 libra de yuca
- 1 1/2 tazas de agua
- 1 cucharadita de sal

Cómo se preparan

1. Hierva el agua (con la sal) y eche en ella la yuca (pelada).

2. Hierva, agregando agua cada 5 minutos. Sáquela cuando esté blanda. Sírvala caliente y con mojo.

ÑAME SALCOCHADO

Ingredientes

- 1 lb de ñame
- 1 taza de agua
- 1 cucharadita de sal
- 1 cucharadita de zumo de limón
- 3 cucharadas de manteca

Cómo se preparan

1. Hierva el agua con sal y limón.

2. Agregue el ñame (pelado y cortado en 3 porciones). Hierva por 40 minutos.

3. Sirva con mojo o con manteca bien caliente.

MALANGA SALCOCHADA

Se prepara igual que el ñame. Sirva con mojo o manteca. Si lo prefiere, puede majar la malanga (mientras está bien caliente). Si su consistencia es muy dura, suavice con un poco de aceite de oliva y leche. Sazone con sal y pimienta (al gusto).

PAPAS FRITAS A LA JULIANA

1. Pele las papas y córtelas en tiritas (muy finas). Enjuáguelas, escúrralas y séquelas con papel absorbente.

2. Fríalas (a temperatura 375 grados F, aproximadamente) hasta que estén doraditas.

3. Escúrralas nuevamente sobre papel absorbente y agrégueles sal.

PAPAS ESPAÑOLAS

1. Pele las papas y córtelas en rueditas de 1/4 pulgada de espesor (aproximadamente).

2. Enjuáguelas, escúrralas y séquelas sobre papel absorbente.

3. Fríalas (a 365 grados F, aproximadamente) hasta que estén bien doraditas.

4. Escúrralas sobre un papel absorbente. Agrégueles sal, según su gusto.

BONIATO FRITO

1. Pele el boniato y córtelo en ruedas de aproximadamente 1/2 pulgadas de espesor.

2. Fríalas (a 365 grados F) hasta que empiecen a dorarse (aproximadamente 5 minutos). Escurra las rodajas sobre papel absorbente.

3. Al momento de servirlas: fríalas nuevamente, hasta que estén completamente doradas. Agregue sal de acuerdo a su gusto.

PLATANOS MADUROS FRITOS

1. Pele el plátano y córtelo en porciones diagonales. Fríalas en aceite caliente, hasta que se doren bien. MUY IMPORTANTE: Tenga la precaución de que el aceite no esté muy caliente, ya que en ese caso se quemarían en el exterior y permanecerían crudos en el interior.

2. Escurra los plátanos en papel absorbente.

TOSTONES (CHATINOS) CUBANOS

1. Pele el plátano verde y córtelo en trozos de aproximadamente 1 pulgada.

2. Fríalos (a 365 grados F) hasta que empiecen a dorarse. Escúrralos sobre papel absorbente.

3. Aplástelos (con la mano, colocándolos entre dos hojas de papel absorbente) y fríalos de nuevo, hasta que se doren completamente.

4. Escúrralos sobre papel absorbente y agregue sal.

Sugerencia útil: Un consejo práctico para que los tostones queden más blandos: después de freír las porciones de plátanos por primera vez, échelos en agua con sal durante unos minutos. Escúrralos y fría nuevamente.

TOSTONES (CHATINOS) DE PLATANO PINTON

Siga la misma receta de los tostones de plátanos verdes. La única diferencia la notará en el hecho de que se fríen más rápidamente.

Sugerencia útil: Si no encuentra plátanos pintones, recuerde que los verdes maduran envueltos en papeles y en un sitio oscuro. No los guarde en el refrigerador, porque entonces no maduran.

PLATANOS VERDES ("APLASTAOS")

Ingredientes

- 1/4 lb de carne de cerdo
- 3 plátanos verdes
- 1 lb de aceite
- 1 diente de ajo
- 1 cucharadita de sal

Cómo se preparan

1. Separe la grasa de la carne de cerdo y córtela en pequeños trocitos. Sofría la grasa; después los trocitos.

2. En la misma grasa, fría los plátanos verdes (en forma de tostones). Desmenuce luego los tostones en pedazos.

3. Sofría el diente de ajo en la grasa del cerdo (hasta que esté doradito).

4. Agregue los pedazos de plátanos, las masitas de cerdo, y los chicharrones que se formaron con la grasa del cerdo.

5. Sazone todo con sal y sofría, revolviendo constantemente.

MUY IMPORTANTE: Si considera que este plato puede quedar demasiado grasoso (siguiendo la receta anterior), le recomiendo eliminar un poco de la grasa derretida. Recuerde que, al hacer los tostones, debe escurrir el plátano sobre papel absorbente (después de freírlo ambas veces).

MARIQUITAS

1. Pele el plátano verde y córtelo en rodajitas finas.

2. Fríalas (a 375 grados F, aproximadamente) hasta que estén doraditas.

Sugerencia útil: Para que sepan mejor, escúrralas bien, añádales sal a gusto y sírvalas calentitas en un recipiente con papel absorbente. Es importante que las rodajas sean finas y estén bien cortadas. Utilice un procesador.

AJIES RELLENOS CON ARROZ

Ingredientes

- 1/2 lb de jamón
- 2 cucharadas de aceite
- 1/2 cebolla
- 1/4 cucharadita de ajo en polvo
- 1/2 taza de salsa de tomate
- 1 cucharada de vino seco
- 1 cucharada de vinagre
- 2 tazas de arroz cocinado
- 2 huevos
- 1 cucharadita de sal
- 1/8 cucharadita de pimienta
- 6 ajíes (grandes)
- 6 cucharaditas de galleta molida
- 6 cucharaditas de queso

Cómo se preparan

1. Muela el jamón y la cebolla. Sofríalos en el aceite y añádale ajo, tomate, vino seco, vinagre y arroz. Cocine a fuego mediano (por unos 5 minutos), revolviendo constantemente.

2. Quítelo del fuego. Agréguele los huevos batidos (con sal y pimienta según su gusto).

3. Rellene los ajíes con esta mezcla. Cúbralos con queso rallado y la galleta molida (mezclados previamente).

4. Hornée a 375 grados F (durante 45 minutos, aproximadamente).

BONIATOS RELLENOS CON TASAJO

Ingredientes

- 2 lbs de boniato
- 1 taza de aporreado de tasajo

- 3 huevos
- 2 tazas de galleta molida

Cómo se preparan

1. Cocine los boniatos con azúcar y sal. Redúzcalos a puré.
2. Déles forma de bolas. Ahueque en el centro y rellene con tasajo. Cierre con más masa.
3. Envuelva las bolas dos veces en huevo y galleta.
4. Fríalas (a 375 grados F) hasta que queden doradas.

FUFU DE PLATANO PINTON

Ingredientes
- 1/4 lb de carne de cerdo
- 3 plátanos pintones

Cómo se preparan

1. Separe la grasa de la carne de cerdo, y córtela en pedacitos. Sofría los pedacitos de grasa; después las masas.
2. Aparte: salcoche los plátanos (con su cáscara) hasta que se elimine también el corazón. Aplástelos ahora con un tenedor.
3. Sofría esta masa en la grasa (hasta que se dore).

PLATANOS EN TENTACION

Ingredientes
- 4 plátanos (bien maduros)
- 1 taza de azúcar
- 8 cucharadas de agua
- 4 cucharadas de vino seco
- 2 cucharadas de manteca
- 3 rajitas de canela en rama
- Canela en polvo

Cómo se preparan

1. Quítele la cáscara a los plátanos.
2. En una tártara, coloque manteca, azúcar (disuelta en vino), la canela en rama, y agua. Incorpore los plátanos y espolvorée todo con canela en polvo.
3. Tape el recipiente y cocine (a fuego lento) por media hora, aproximadamente. Estará listo cuando estén dorados y el almíbar en su punto.

MUY IMPORTANTE: Para obtener un buen resultado en la preparación de esta receta, debe mantener el fuego lento y cuidar de que el almíbar no se queme. Deberá graduar el fuego a fin de obtener un almíbar consistente, en su punto.

PURE DE PAPAS

Ingredientes

- 2 lbs de papas
- 3 cucharadas de mantequilla
- 1/4 taza de leche
- 1 cucharada de sal
- 1/8 cucharadita de pimienta

Cómo se preparan

1. Cocine las papas enteras en agua hirviendo con sal. Al mismo tiempo, caliente la leche.

2. Pele las papas y májelas para hacer puré. Agregue en este instante el resto de los ingredientes. MUY IMPORTANTE: Las papas deben ser aplastadas mientras que están aún calientes. La consistencia del puré depende de la cantidad de leche (¡siempre caliente!) que usted le agregue.

Sugerencia útil: Para conservar caliente el puré de papas ya preparado hasta el momento de servir, colóquelo en un recipiente ancho y póngalo al baño de María.

5

¡EL ARROZ
VA CON TODO!

Cómo se preparan

1. Muela la cebolla, ají, ajo y dos pimientos morrones. Sofríalos en aceite; agregue el aceite de los calamares.

2. Después de unos minutos, agregue los calamares (picados), el vino seco y el agua de los pimientos. Cocine por varios minutos y entonces añádale el arroz y el agua.

3. Cuando hierva, siga cocinando a fuego mediano (hasta que el arroz esté cocinado).

4. Adorne con los pimientos morrones restantes.

Sugerencia útil: Si desea hacerlo con olla de presión, agregue el arroz (bien lavado) al sofrito y los calamares. Entonces tape la olla. Cuando vea salir vapor de agua, coloque el indicador y déjelo hasta que se produzca la señal de que ya tiene la presión necesaria. En ese momento, baje el fuego y cocine por 5 minutos. Retire la olla y permita que vaya perdiendo lentamente la presión.

ARROZ CON MAIZ TIERNO

Ingredientes

- 2 tazas de arroz
- 4 mazorcas de maíz (muy tierno)
- 1 cebolla
- 4 cucharadas de puré de tomate
- 1 ají (grande)
- 3 cucharadas de manteca
- 2 dientes de ajo
- 1/4 cucharadita de pimienta
- 3 tazas de agua
- 1 cucharada de sal
- 1 cucharadita de vinagre

Cómo se preparan

1. Prepare un sofrito con la manteca (2 cucharadas), la cebolla, el ají, el ajo (machacado con la pimienta), el puré de tomate y el vinagre.

2. Agréguele el maíz desgranado, el agua, y la sal. Cocine por 5 minutos.

3. Agregue el arroz al sofrito anterior; cocine por 20 minutos más.

4. Añada el resto de la manteca, cúbralo con un papel y déjelo cocinar (a fuego muy lento) hasta que esté hecho.

ARROZ CON POLLO A LA CUBA 1900

Ingredientes

- 2 pollos (grandes)

- 3 cebollas (grandes)
- Manteca
- 5 dientes de ajo
- 4 pimientos
- 1 ramita de perejil
- 1 lata de puré de tomate
- 1/4 lb de jamón
- 3 hojas de laurel
- 1/2 cucharadita de pimienta (molida)
- 1/4 cucharadita de orégano
- 2 ajíes
- Azafrán
- 1/2 taza de vino seco
- 1/2 cucharadita de vinagre
- 1 lb de arroz
- Petit pois
- Pimientos morrones

Cómo se preparan

1. Corte los pollos en cuartos.

2. En un recipiente ancho y profundo, prepare un sofrito (con manteca, bastante cebolla picada, ajos, pimientos, perejil y puré de tomate).

3. Después agregue el jamón (hasta que esté cocinado) y el laurel. Seguidamente, la pimienta, el orégano y los ajíes.

4. Añada agua (calentada previamente), el azafrán, vino seco y vinagre.

5. Finalmente, agréguele el arroz. Cuando comience a hervir, tape y siga cocinando a fuego lento.

6. Después de cocinado, deje reposar un rato (siga cocinando a fuego lento).

7. Al servirlo, puede añadirle petit pois y pimientos morrones, si así lo prefiere.

ARROZ CON POLLO A LA CREMA

Ingredientes

- 1 pollo
- 1 1/2 taza de arroz
- 2 tazas de caldo
- Ingredientes para la salsa:
- 1/4 lb de mantequilla
- 1 litro de leche

68

- 2 cucharaditas de sal
- 1/4 cucharadita de pimienta
- 10 cucharaditas de harina
- 2 cucharadas de vino seco
- 1/4 lb de queso parmesano

Cómo se preparan

1. Con el pollo, prepare un caldo. Una vez que esté blando, desmenúcelo.

2. Separe 2 taza de caldo para cocinar el arroz.

3. Derrita la mantequilla y mézclela en la procesadora con sal, pimienta y harina. Ponga todo al fuego lento, revolviendo constantemente (hasta que espese).

4. Engrase un molde refractario apropiado y ponga en el mismo camadas alternas de arroz, pollo desmenuzado, y salsa bechamel.

5. Cúbralo todo con queso parmesano y hornée (a 350 grados F) por unos 35 a 40 minutos).

ARROZ CON POLLO AL HORNO

Ingredientes

- 1 pollo (de 2 libras, aproximadamente)
- 2 cebollas
- 1 lb de arroz
- 1/2 taza de puré de tomate
- 4 tazas de agua (o sidra)
- 2 ajíes
- 1/2 taza de aceite
- Sal
- Azafrán (o bijol)
- 1 latita de petit pois
- 1/2 cucharadita de pimienta
- 1 lata (o pomo) de pimientos morrones

Cómo se preparan

1. Corte el pollo en porciones y sofríalo en aceite (con el tomate, las cebollas y el ají... bien picados). Sazone con sal y pimienta.

2. Añádale el arroz (del tipo llamado Valencia), ya limpio, el agua (o sidra) y los petit pois. Dele color con azafrán o bijol; revuelva bien.

3. Tape la cazuela y hornée (a unos 375 grados F).

4. Al servirlo, decórelo con los pimientos morrones y con más petit pois.

ARROZ CON QUIMBOMBO

Ingredientes

- 1/2 lb de quimbombó
- 2 tazas de agua
- 3 limones
- 1/2 taza de aceite
- 1/2 lb de jamón
- 1 cebolla
- 1 diente de ajo
- 1 ají grande
- 1 lata de salsa de tomate
- 1 lata (o pomo) de pimientos morrones
- 2 1/2 tazas de agua
- 1/2 taza de vino seco
- 1 cucharada de vinagre
- 1 cucharada de sal
- 1/4 cucharadita de pimienta
- 1 lb de arroz

Cómo se preparan

1. Corte el quimbombó en rueditas y remójelo en agua (con el zumo de limón) por unos 30 minutos.

2. Corte el jamón en cuadraditos y pique la cebolla.

3. En aceite caliente, sofría los cuadraditos de jamón con la cebolla y el ajo. Añádale el ají y dórelo. Agregue la salsa de tomate, los pimientos morrones (molidos y con su agua), vino seco, el agua, sal, pimienta y el arroz.

4. Cocine hasta que comience a hervir. Después, a fuego mediano hasta que el arroz se ablande (por unos 30 minutos).

ARROZ CON VEGETALES

Ingredientes

- 1 lb de arroz
- Aceite
- 2 cebollas
- 3 tomates
- Zanahorias
- Habichuelas tiernas
- Habas limas
- Col

Cómo se preparan

1. Prepare un sofrito en aceite con cebollas y tomates. Seguidamente, incorpore el resto de los vegetales.

2. Agregue suficiente agua y sal (a gusto). Seguidamente, añádale el arroz, y cuando comience a ablandarse, échele un poco de aceite y azafrán.

3. Tape el recipiente y cocine a fuego lento.

OTRA VARIANTE: Utilice, además de los ingredientes anteriores, maíz tierno en granos, papas (picadas en pedacitos, 3 dientes de ajo, 1/2 cucharadita de pimienta, 1/2 taza de petit pois, 1 lata de pimientos morrones, 1 hoja de laurel, 3 cucharadas de vino seco, azafrán y 1 cucharadita de vinagre. Siga el mismo procedimiento. Use los pimientos y el petit pois para decorar.

ARROZ FRITO A LA CALLE ZANJA

Ingredientes

- 6 tazas de arroz (tipo carnilla)
- 2 1/2 tazas de agua
- 1 cucharadita de sal
- 1/2 lb de camarones
- 6 oz de carne de cerdo (ahumada)
- 2 longanizas chinas
- 1/2 taza de la parte blanca de los cebollinos chinos
- 1/4 taza de manteca (4 cucharadas)
- 4 huevos batidos
- 1 cucharada de salsa china

Cómo se preparan

1. Cocine el arroz en el agua, con la mitad de la sal, aproximadamente por 20 minutos. MUY IMPORTANTE: Compruebe que está bien desgranado, pero no muy cocinado.

2 Permita que se enfríe. Entonces, fríalo en manteca bien caliente.

3. Cuando esté algo frito, comience a añadir las longanizas (picadas en cuadraditos), los camarones (salcochados en 1 taza de agua con 1 cucharadita de sal, pelados con anticipación y picados en ruedicitas de 1 cm de ancho), la carne de cerdo ahumada (picada en lascas finas y en cuadraditos pequeños), los cebollinos (bien picados). Sazone todos estos ingredientes con la salsa china, la cual le intensifica el sabor y le da color.

4. Rocíelo con 2 ó 3 cucharadas de agua. Cubra y cocine por unos 3 minutos.

5. Bata los huevos y rocíe con ellos el arroz, para que se seque y coagule en pedacitos pequeños.

6. Cubra nuevamente. Cocine (a fuego lento), por unos 5 ó 6 minutos más.

Sugerencia útil: Para ahumar 1 libra de carne de cerdo, sazónela con el siguiente mojo:

1. En un mortero, machaque 3 ajos con 1 cucharadita de sal, 1/8 cucharadita de pimienta y el jugo de una naranja agria.

2. Pase la carne por este mojo y colóquela en la parrilla de su horno, a una temperatura de 200 grados F.

MUY IMPORTANTE: Coloque debajo una bandeja para que recoja la grasa que el calor va desprendiendo.

3. Cada 15 ó 20 minutos, rocíe la carne con el mojo. Cocine de esta manera por 2 1/2 horas.

4. Pasado este tiempo, tome 1 cucharada de miel de abejas y úntesela a la carne (con una brocha). Pínchela para que absorba el dulce. Siga cocinando por 1 hora más, hasta que esté dorada. Durante la última media hora, aumente la temperatura del horno a 375 grados F.

PAELLA A LA CUBANA

Ingredientes

- 1 1/4 tazas de aceite
- 2 cebollas
- 4 dientes de ajo
- 2 ajíes (grandes)
- 2 hojas de laurel
- 1 pollo (de unas 1 1/2 lbs, aproximadamente)
- 2 cangrejos (o masas de cangrejo)
- 2 langostas (o masa de langosta)
- 1/2 lb de jamón crudo
- 1/2 lb de masa de cerdo
- 1/2 lb de masa de pescado (aguja, peto, etc.)
- 1 lb de almejas (u ostiones)
- 1 lata de salsa de tomate
- 1 lata de pimientos morrones
- 2 1/2 cucharadas de sal
- 2 cucharaditas de pimentón
- 3/4 cucharadita de pimienta
- 4 tazas de vino seco
- 1 cucharada de vinagre
- 4 tazas de caldo
- 2 lbs de arroz

Cómo se preparan

1. Haga un sofrito con el aceite, cebolla, ajo y ají. Añádale el pollo (en pedazos), mariscos limpios (crudos), jamón, carne de cerdo y pescado.

2. Cocine a fuego lento, volteándolo hasta que todo se dore ligeramente. En este momento, añada la salsa de tomate, los pimientos morrones (molidos y con su agua), sal, pimienta, pimentón, vinagre y vino seco.

3. Siga cocinando a fuego lento hasta que comience a hervir. Agregue caldo.

4. Una vez que el pollo se haya ablandado, agregue el arroz. Cocine a fuego lento (o al horno, a 300 grados F) hasta que el grano esté blando... aproximadamente unos 30 minutos.

5. Sirva la paella en una cacerola de barro. Decore con petit pois y pimientos.

6

PASTAS ITALIANAS...
¡A LA CUBANA!

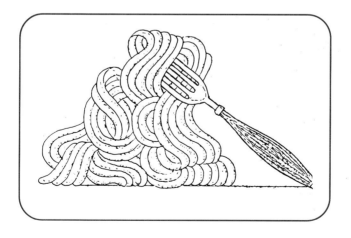

MACARRONES (O ESPAGUETI) A LA VALENCIANA

Ingredientes

- 1 paquete de macarrones o espagueti de 1/2 libra
- 1 diente de ajo
- 1/4 taza de aceite
- 1 cucharada de perejil
- 1 cebolla
- 1/4 lb de carne molida
- 1/4 lb de carne de pescado
- 1/2 cucharadita de pimienta
- 1/2 taza de vino de Jerez
- 3 cucharadas de queso amarillo
- 1 cucharada de mantequilla
- 1 taza de puré de tomate

Cómo se preparan

1. En un recipiente apropiado, ponga la manteca; agréguele la cebolla (picada bien fina) y fría... hasta que esté dorada.

2. Incorpore ahora la salsa de tomate y la carne de cerdo. Añada el agua (hasta que cubra la carne) y deje hervir a fuego lento hasta que la carne esté blanda (tomará casi 1 hora).

3. En una cacerola, hierva 2 vasos de agua. Añádale 1 cucharadita de sal, la mantequilla y los macarrones. Cocine por 15 ó 20 minutos, añadiendo los macarrones a la salsa de tomate.

4. Agréguele un poco de mantequilla y queso rallado. Cocine (a 350 grados F) por 3/4 de hora.

MACARRONES GRATINADOS

Ingredientes

- 2 tazas de salsa bechamel (en vez de agua, utilice el agua de los macarrones)
- 2 cucharadas de galleta molida
- 1 paquete de 1/2 libra de macarrones
- 1/4 lb de jamón
- 1 cucharada de mantequilla
- 2 cucharadas de queso amarillo
- 3 vasos de agua

Cómo se preparan

1. Salcoche los macarrones en agua hirviendo (con la sal y 1 cucharada de

mantequilla). Cuando estén blandos, quítelos del fuego y páselos por agua fría.

2. Añada la salsa bechamel, preparada con el agua de los macarrones (en sustitución de la leche). Agregue el jamón picado en trocitos chiquitos) y vierta todo esto sobre los macarrones.

3. Espolvorée con queso rallado y galleta molida. Hornée (a 350 grados F) por 30 minutos, hasta que esté dorado.

MACARRONES CON POLLO

Ingredientes
- 1 pollo (de 3 libras, aproximadamente)
- 1 lb de macarrones
- 3 cucharadas de aceite
- 1 cebolla
- 1 diente de ajo
- 1/4 lb de jamón
- 1 lata de salsa de tomate
- 1/2 taza de vino seco
- 1 cucharada de vinagre
- 4 tazas de caldo de pollo (prepárelo con los menudos)
- 1 cucharadita de sal
- 1/8 cucharadita de pimienta
- 1/2 taza de queso
- 1/3 taza de galleta molida

Cómo se preparan

1. Comience por preparar un caldo de pollo (unas 4 tazas) con los menudos del pollo. Agregue sal a su gusto.

2. En aceite caliente, dore la cebolla (picadita), añádale el jamón (en cuadraditos), y el pollo (en cuartos). Cocine durante varios minutos.

3. Añada el ajo, el tomate, el vino seco, 1 taza de caldo que ya preparó, sal y pimienta.

4. Apenas comience a hervir, baje a fuego mediano (hasta que el pollo se ablande completamente).

5. Hierva las 3 tazas de caldo que le quedan, y eche en ellas los macarrones (déjelos hervir de 10 a 15 minutos, hasta que se ablanden).

6. Aparte: desmenuce el pollo, dejando la masa en la salsa.

7. Una los macarrones (ya cocinados) con el pollo y la salsa. Viértalo todo en un molde, y espolvorée sobre ellos el queso rallado y la galleta (previamente unidos).

8. Hornée a 350 grados F (hasta que estén completamente dorados), aproximadamente 30 minutos.

CANELONES ENRICO CARUSSO

Ingredientes

- 2 paquetes de canelones
- 4 tazas de salsa bechamel
- 3 cucharadas de aceite
- 1 cucharada de sal
- 2 lts de agua
- 1 pechuga de gallina (hervida)
- 2 hígados de gallina (crudos)
- 2 mollejas
- 1/2 seso de res (hervido)
- 1 cucharadita de pimienta
- 1 cucharada de sal
- 4 cucharadas de mantequilla
- 1 cebolla picadita
- 2 tazas de queso amarillo (rallado)
- 1 taza de vino seco o blanco
- 3 cucharadas de aceite
- 4 tazas de salsa bechamel

Cómo se preparan

1. Hierva los canelones con agua, aceite y sal, por 15 minutos.

2. Sofría 1 cebolla en el aceite y la mantequilla. Añádale el hígado y la molleja (picadita), la pechuga (desmenuzada) y el seso. Agregue 1 taza de vino seco.

3. Quite los canelones del fuego y lávelos (con agua fría) y escúrralos sobre una servilleta.

4. Rellénelos. Sirva la mitad de la salsa bechamel en un recipiente apropiado, y coloque encima los canelones. Cúbralos con el resto de la salsa bechamel. Espolvorée con queso rallado y pedacitos de mantequilla. Hornée (a 350 grados F) por 15 minutos.

CANELONES AL GRATIN

Ingredientes

- 1 paquete de canelones en forma de galleta
- 1/2 lb de jamón

- 3 tazas de salsa bechamel
- 1/4 lb de queso
- 2 cucharadas de galleta molida

Cómo se preparan

1. Cocine los canelones como en la receta anterior.

2. Póngalos en un paño y rellénelos de jamón (bien picadito). Amárrelos y cocínelos en la salsa bechamel.

3. Coloque los canelones en un recipiente apropiado, cúbralos con la crema, y espolvoréelos con queso y galleta molida.

4. Hornée (a 375 grados F) por 15 minutos.

TALLARINES A LA MILANESA

Ingredientes

- 1/2 lb de tallarines
- 2 cucharadas de galleta
- 1 cucharada de sal
- 1 lata de sopa de tomates
- 1/4 lb de queso amarillo (rallado)
- 1 cebolla
- 1/2 cucharadita de pimienta
- 2 dientes de ajo
- 1 cucharada de mantequilla

Cómo se preparan

1. Cocine los tallarines en una buena salsa de tomate, por unos 20 minutos.

2. Agregue la mantequilla y coloque en un recipiente apropiado.

3. Espolvorée con queso rallado y galleta molida. Hornée (a 350 grados F) por 20 minutos.

7

COMO COMPLEMENTO
(O COMO PLATO
PRINCIPAL)...
¡LA ENSALADA!

ENSALADA DE POLLO A LA CUBANA

Ingredientes

- 2 pollos de aproximadamente 2 1/2 libras cada uno
- 2 lbs de papas
- 1 manzana (pelada y cortada en trocitos pequeños)
- 2 huevos duros
- 1/2 taza de apio (picadito)
- 1/2 taza de aceitunas (picaditas)
- 1 taza de petit pois
- 1 manzana (picadita)
- 1 latica de puntas de espárragos
- 1 taza de mayonesa (o más, dependiendo de su gusto)
- 2 cucharadas de la misma agua de los espárragos
- Para decorar la ensalada
- Lechuga
- Pimientos
- Aceitunas
- petit pois
- Espárragos
- Huevos duros

Cómo se preparan

1. En un recipiente apropiado, cocine los pollos (de la forma en que lo hace habitualmente).

2. Pele y corte la papas (en cuadraditos); cocínelas. Al mismo tiempo, desmenuce el pollo completamente.

3. Una el pollo con las papas; añada los demás ingredientes. Revuelva bien, hasta que todo quede unido.

4. Sirva la ensalada sobre hojas de lechuga y adórnela al gusto con los pimientos morrones, los espárragos, las aceitunas y los petit pois.

Sugerencia útil: Hay diferentes versiones de la ensalada de pollo a la cubana. Si lo prefiere, puede adicionar a la receta anterior 1 cebolla (bien picadita) y 1 ají (también bien picadito).

ENSALADA DE POLLO

Ingredientes

- 3 tazas de pollo, (cocinado) y cortado en pedazos pequeños
- 1 lechuga
- 5 cucharadas de manteca

- 3/4 tazas de apio
- 1 pomo (o lata) de punta de espárragos
- 3 yemas de huevos (previamente salcochados)
- 1 cucharada de alcaparras
- 3 tazas de salsa mayonesa
- 1 pomito (o lata pequeña) de pimientos morrones

Cómo se preparan

1. Adobe el pollo con sal, pimienta y laurel.
2. Ponga a calentar la manteca y dore el pollo.
3. Agréguele un poco de agua, y ponga a cocinar (hasta que quede en su salsa).
4. Córtelo en pedazos pequeños, y adóbelo (con 3 cucharaditas de aceite, 5 de vinagre, 1 de sal, 1/2 de pimienta, y 1 cucharadita de jugo de cebollas). Déjelo en adobo por 2 horas.
5. Después de escurrido, agréguele las alcaparras, el apio y la salsa mayonesa.
6. Para presentar la ensalada, adorne la ensaladera con hojas de lechuga, puntas de espárragos, pimientos morrones, y huevos duros.

ENSALADA DE AGUACATE Y PIÑA (GUACAMOLE)

Ingredientes
- 3 aguacates
- 1 piña (mediana)
- Sal (a gusto)
- 1/2 taza de su aliño preferido

Cómo se preparan

1. Quite la cáscara a los aguacates, córtelos en tajadas y después en pequeños cuadrados.
2. Pele la piña, córtela en rodajas y también en pequeños cubitos.
3. Mezcle el aguacate con la piña, añadiendo una pizca de sal y el aliño que eligió.
4. Coloque la ensalada en el refrigerador; sírvala siempre bien fría.

ENSALADA LIGERA

Ingredientes
- 4 tomates (cortados en forma cuadrada o triangular)
- 1 cebolla cruda (bien picada)

- 1/2 taza de apio (cortado en tiras)
- 3 papas pequeñas (salcochadas y cortadas en cuadraditos)
- Salsa vinagreta
- 1 lechuga
- 3 huevos duros (cortados a la mitad)
- Sal (a gusto)
- 3 cucharadas de aceite de oliva
- Vinagre (a gusto)

Cómo se preparan

1. Después de mezclar las cebollas, las papas y el apio, alíñelos con una cucharada de salsa vinagreta.

2. Adorne las papas con hojas de lechuga (alrededor), con los tomates y con los huevos. Sirva la salsa vinagreta aparte.

ENSALADA DE LANGOSTA

Ingredientes
- 1 langosta (o más… según el número de comensales)
- 1 lechuga
- Cebollitas
- Pepinillos encurtidos
- Salsa mayonesa

Cómo se preparan

1. Salcoche la langosta y después córtela en pedazos pequeños.

2. Colóquelos en la ensaladera (sobre hojas de lechugas, decoradas previamente con cebollitas y pepinillos encurtidos, estos últimos bien picaditos).

3. Cúbralo todo con salsa mayonesa (a gusto).

4. Sirva en una fuente o ensaladera.

ENSALADA DE TOMATES

Ingredientes
- 4 tomates (córtelos en forma triangular)
- 1 cebolla cruda (picada)
- 1/2 taza de apio (cortado previamente en tiras)
- 3 papas pequeñas (salcochadas y cortadas en cuadrados)
- 1 lechuga
- 3 huevos duros (córtelos en dos mitades)
- Sal y pimienta (al gusto)
- Aceite y vinagre (al gusto)

Cómo se preparan

1. En un recipiente, mezcle la cebolla, las papas y el apio; aliñe con aceite y vinagre.

2. Adorne con las hojas de lechuga, los tomates y los huevos duros.

3. Sirva siempre con aceite y vinagre (para que cada persona aderece a su gusto).

ENSALADA DE PAPAS A LA CREMA

Ingredientes

- 2 lbs de papas
- 1 cucharadita de sal
- 1/4 taza de cebolla (bien picadita)
- 1/4 taza de ají (picadito)
- 2 quesos crema (de 2 onzas cada uno)
- 1/2 taza de mayonesa

Cómo se preparan

1. Cocine las papas (peladas y cortadas en trocitos) en agua hirviendo, con la sal.

2. Una vez blanda, escárralas y añádales la cebolla y el ají.

3. Póngalas en una cacerola con tapa y refrigérelas durante una hora (o más).

4. En la procesadora, bata el queso crema con la mayonesa; añádalo a las papas.

5. Sírvalas sobre hojas de lechuga.

ENSALADA MIXTA

Ingredientes

- 2 repollos
- 1 pepino
- 2 tomates
- Berro
- Remolacha
- 1 aguacate
- Aceite, vinagre y mostaza

Cómo se preparan

1. Corte todos los ingredientes.

2. Prepare un aliño a base de 1 cucharada de vinagre, 3 de aceite, sal y un poquito de mostaza.

3. Sirva en una ensaladera o pequeño bol.

Sugerencia útil: Puede agregar, si desea, zanahorias hervidas en rodajas (puestas a enfriar). También puede sustituir la zanahoria por la remolacha.

ENSALADA DE COL COCIDA

Ingredientes

- 1 col mediana
- 2 tazas de azúcar
- Sal, pimienta, aceite y vinagre.

Cómo se preparan

1. Corte la col en trozos, lávela bien, y échela en una vasija.
2. Sazónela con sal y añádale 2 tazas de agua.
3. Sírvala con aliño de ensalada. Si desea, agréguele pimienta molida.

8

¡ALIÑOS Y SALSAS DELICIOSAS!

Our night at... TROPICANA

HAVANA'S FABULOUS NIGHT CLUB & CASINO

ALIÑO BASICO

Ingredientes

- 6 cucharadas de aceite
- 3 cucharadas de vinagre
- 1/2 cucharadita de sal
- 1/4 cucharadita de pimienta

Cómo se preparan

1. Una el vinagre, la sal y la pimienta. Mézclelo todo con el aceite.
2. Añádaselo a la ensalada.

MUY IMPORTANTE: Para darle mayor sabor y aroma al aliño básico, utilice aceite de oliva español y vinagre de manzana de la mejor calidad. Recuerde que este tipo de aliño es más apropiado para usarlo en ensaladas con vegetales y no en otras más complicadas que llevan papa, huevo, camarones, y otros ingredientes.

ALIÑO FRANCES

Ingredientes

- 6 cucharadas de aceite de oliva
- 3 cucharadas de vinagre
- 1/2 cucharadita de pimentón
- 1 cucharadita de sal
- 1/4 cucharadita de pimienta
- 1 cucharadita de azúcar

Cómo se preparan

1. Mezcle el vinagre con la sal, el azúcar, la pimienta y el pimentón. Finalmente, con el aceite.

Sugerencia útil: Utilice azúcar refinada para obtener un mejor resultado. Conserve el aliño sobrante en un frasco de cristal y en un lugar fresco (para evitar que se fermente).

SALSA BECHAMEL

Ingredientes

- 1 1/2 tazas de caldo de pollo
- 1 rueda de cebolla
- Perejil
- 4 cucharadas de mantequilla
- 4 cucharadas de harina
- 1 taza de leche (caliente)

- 1/8 cucharadita de pimienta en polvo
- Sal a gusto

Cómo se preparan

1. Hierva el caldo de pollo por 20 minutos… con las cebollas, el perejil y la pimienta.

2. Cuele todo (debe quedarle una taza).

3. Derrita la mantequilla, agregándole la harina. Revuelva.

4. Añádale (poco a poco, y revolviendo siempre) el caldo y la leche.

5. Deje hervir por un minuto y agregue la sal y la pimienta (de acuerdo a gusto).

SALSA BLANCA

Ingredientes
- 4 cucharadas de mantequilla
- 4 cucharadas de harina
- 2 tazas de caldo (o leche)
- 1 cucharadita de sal

Cómo se preparan

1. Derrita la mantequilla (a fuego lento). Agregue la harina y forma una pasta.

2. Añada la leche (o caldo), poco a poco, revolviendo constantemente (hasta que espese). Sazone con sal, según su gusto.

SALSA VERDE

Ingredientes
- 1 cucharadita de sal
- 1/4 cucharadita de pimienta
- 1 ramita de perejil
- 1 taza de aceite
- 2 cucharadas de vinagre

Cómo se preparan

1. En el mortero, machaque una ramita de perejil (de tamaño mediano) con sal y pimienta.

2. Después, agréguele (poco a poco) el aceite y el vinagre.

3. Mueva todos estos ingredientes para que queden completamente mezclados.

SALSA VINAGRETA

Ingredientes

- 1 cucharadita de mostaza
- 1 cucharadita de sal
- 1/4 cucharadita de pimienta
- 3 cucharadas de vinagre
- 6 cucharadas de aceite
- 1 cebolla
- 1 ramita de perejil

Cómo se preparan

1. Diluya la mostaza y añádale la sal y la pimienta. Después, agregue el vinagre y el aceite, además de la cebolla y el perejil (bien picaditos). Mezcle bien.

SALSA CARDENAL

Ingredientes

- 1 taza de salsa blanca
- 1/2 taza de masa de langosta
- 2 cucharadas de mantequilla
- 3 cucharadas de perejil bien picadito
- Tinte vegetal rojo

Cómo se preparan

1. Ponga al fuego todos los ingredientes, y cocine (a fuego lento) por varios minutos.

2. Cuando alcance un color rojizo, ¡cuele!

SALSA A LA TARTARA

Ingredientes

- 3 huevos
- 1 cebolla
- 1 cucharadita de sal
- 1 cucharada de mostaza
- 1 cucharadita de vinagre
- 1 pepino
- 1 taza de mayonesa

Cómo se preparan

1. Salcoche los 3 huevos, maje en el mortero 2 y la yema del tercero. Añádale la mostaza, el jugo de la cebolla y la mayonesa.

2. Poco a poco sazónelo con pimienta, sal y vinagre y agréguele la clara de un huevo duro, el perejil y el pepino (todo muy picadito).

3. Una bien todos los ingredientes. Coloque la salsa en el refrigerador hasta el momento de utilizarla.

SALSA MIXTA
Ingredientes
- 2 huevos duros
- 8 aceitunas
- 1 pepino
- 1 cucharada de alcaparras
- 1 cebolla
- 1 cucharadita de mostaza
- 1/2 limón
- Pimienta
- 1 taza de mayonesa

Cómo se preparan

1. A la mayonesa, agréguele las yemas de dos huevos salcochados y majados, las alcaparras (también majadas en el mortero), el pepino (bien picado), el zumo del limón, sal y pimienta (a gusto).

2. Una bien todos los ingredientes. Deje enfriar hasta el momento de servirla.

SALSA PICA-PICA
Ingredientes
- 1 taza de vinagre
- 3 cebollas
- 2 dientes de ajo
- 6 granos de pimienta
- 3 cucharadas de harina
- 1/4 litros de caldo básico
- 1 cucharadita de sal
- 1/4 cucharadita de pimienta
- 1 pepino
- Nuez moscada

Cómo se preparan

1. Cocine las cebollas (deben ser pequeñas) en el vinagre. Agregue los ajos, la pimienta y cocine (a fuego lento) hasta que el líquido se consuma totalmente.

2. Añádale la harina tostada al caldo, la sal, la pimienta y la nuez moscada.

3. Hierva por unos minutos; después pase por un colador.

4. En el momento de usarla: añada un pepino (picado en pedazos pequeños).

SALSA HOLANDESA
Ingredientes

- 2 cucharadas de mantequilla
- 2 cucharadas de harina
- 1 taza de leche
- 2 yemas de huevos
- 1 cucharada de vinagre
- 1 cucharadita de sal
- 1 cucharada de zumo de limón
- 1/4 cucharada de pimienta
- 1/4 cucharada de paprika

Cómo se preparan

1. Derrita la mantequilla al baño de María.

2. Quite del fuego y añádale las yemas batidas; luego la harina (disuelta en agua fría o en leche).

3. Sazone con sal, pimienta, limón y vinagre. Cocine por unos 5 minutos, aproximadamente.

SOFRITO

- 1/2 taza de puré de tomate
- 1 cebolla (mediana, bien picadita)
- 1 ají (mediano) ó 4 chiquitos (bien picaditos)
- 1/8 cucharadita de pimienta
- 1 cucharadita de sal
- 2 cucharaditas de vinagre
- 2 dientes de ajo
- 3 cucharadas de manteca

MUY IMPORTANTE: Si se tratara de mariscos, entonces sustituya la manteca por 1/4 taza de aceite.

Cómo se preparan

1. En el mortero, machaque la sal y la pimienta.

2. En la manteca caliente, dore ligeramente la cebolla, el ají y la mezcla de ajo machacado. Agréguele después de unos minutos el tomate y permita que se cocine por 1 minuto.

3. Añádale el vinagre y cocine hasta que comience a hervir.

SALSA CUBANA

Ingredientes

- 2 tazas de cebolla (muy picaditas)
- 2 tazas de pimientos verdes (muy picaditos)
- 1 diente de ajo (picado)
- 1 taza de tomates (asados)
- 2 cucharadas de mantequilla
- 1/4 cucharadita de pimentón

Cómo se preparan

1. Derrita la mantequilla y añádale el pimentón. Después agregue la cebolla, los pimientos y los ajos. Revuelva constantemente hasta que espese y se vuelva una crema.

2. Añádale los tomates, sal y pimienta. Cocine por 5 minutos.

SALSA DE AGUACATE

Ingredientes

- 2 aguacates
- 1 taza de aceite
- 1/2 tacita de vinagre
- 2 huevos (salcochados)
- 1 cucharada de alcaparras
- 10 aceitunas
- 1/4 cucharadita de sal
- 1/4 cucharadita de pimienta

Cómo se preparan

1. Pele los aguacates y páselos por el colador (para convetirlos en un puré).

2. Añada las yemas y las alcaparras (majadas en el mortero). Cuando todo esté unido, añada (lentamente) el aceite y el vinagre.

3. Incorpore las aceitunas y las claras (picaditas). Sazone con sal y pimienta. Mantenga fría hasta el momento de servir.

Sugerencia útil: Para mejores resultados, utilice aguacates que no estén muy "aguados". Así podrá obtener una salsa con mayor consistencia.

SALSA AURORA

Ingredientes
- 1 taza de salsa bechamel
- 1/2 taza de salsa de tomate

Cómo se preparan
1. Prepare una salsa bechamel y agréguela la salsa de tomate.
2. Cocine (a fuego lento) hasta que espese.

SALSA DE QUESO

Ingredientes
- 1/4 taza de queso parmesano o rallado
- 1 taza de salsa bechamel

Cómo se preparan
1. Una el queso a la salsa bechamel (cuando ésta esté bien caliente). MUY IMPORTANTE: Mantenga el fuego bajo, para evitar que la salsa quede con la consistencia indebida.

SALSA PARA MARISCOS

Ingredientes
- 1 taza de salsa bechamel
- 1 diente de ajo
- 1/2 taza de catsup
- 3 cucharadas de salsa inglesa

Cómo se preparan
1. Machaque bien el ajo e incorpórelo a la salsa bechamel, cuando aún se está cocinando.
2. Una vez espesa, quítela del fuego y agregue el resto de los ingredientes.

SALSA ESPECIAL PARA ALBONDIGAS

Ingredientes
- 1/4 de taza de aceite
- 2 dientes de ajo
- 1 cebolla

- 1 ají
- 1 lata de tomate
- 1/3 de taza de salsa catsup
- 1 cucharadita de sal
- 1 cucharadita de azúcar
- 1/2 taza de vino seco

Cómo se preparan

1. Sofría el ajo, la cebolla y el ají (picaditos) en el aceite; añádales los demás ingredientes y revuélvalo todo bien.

2. Coloque las albóndigas en la salsa y cocínelas (a fuego lento) durante 30 minutos.

SALSA VEGETARIANA
Ingredientes

- 1 taza de salsa mayonesa
- 1 pepinillo encurtido picante (bien picadito)
- 1/4 taza de remolacha molida
- 1 cucharada de mostaza
- 1 cucharada de perejil (muy picadito)

Cómo se preparan

Sencillamente, una bien todos los ingredientes. Mantenga fría hasta el momento de servir.

MAYONESA VERDE
Ingredientes

- 1 taza de mayonesa
- 1 macito de perejil
- 1 cucharadita de vinagre
- 1/4 taza de agua

Cómo se preparan

1. Ponga el agua al fuego, con el vinagre. Cuando hierva, cocine por unos minutos el perejil. Retírelo y macháquelo en el mortero, extrayéndole su líquido y pasándolo por un tamiz muy fino.

2. Una el líquido obtenido del perejil a la mayonesa.

Sugerencia útil: Si lo prefiere, esta misma receta la puede preparar con berro o con brócoli... o con berro, brócoli y perejil.

MOJO PARA VIANDAS

Ingredientes

- 3 dientes de ajo
- 2 cucharadas de manteca
- 2 naranjas agrias

Cómo se preparan

1. Machaque bien los ajos en el mortero; dórelos ligeramente.
2. Añada el jugo de las naranjas y quítelo del fuego.
3. Viértalo, caliente, sobre las viandas (especialmente sabroso sobre la yuca).

MOJO PARA CARNES

Ingredientes

- 3 dientes de ajo
- 3 cucharadas de manteca
- 2 naranjas agrias
- 1 cucharadita de orégano molido
- 1 cucharadita de laurel molido
- 1/4 comino molido

Cómo se preparan

Se prepara en la misma forma que el mojo para viandas. En el mortero, incluya también las especias.

9

CON EL SABOR
DEL MAR CARIBE

PARGO RELLENO

Ingredientes

- 1 pargo (de 8 a 10 lbs, aproximadamente)
- 4 dientes de ajo
- 2 cucharaditas de sal
- 2 cucharadas de pimienta
- 2 limones
- 2 cebollas
- 2 ajíes

Para el relleno

- 2 lbs de camarones
- 2 langostas
- 1 lb de jamón
- 1/4 lb de mantequilla
- 2 cebollas
- 2 cucharadas de zumo de limón
- 1/4 taza de catsup
- 1/4 taza de vino seco
- 1 cucharadita de salsa inglesa
- 2 cucharadas de harina

Cómo se preparan

1. Limpie bien el pargo. Abralo por la mitad para quitarle todas las espinas centrales.

2. Sazónelo con ajo machacado, sal, pimienta y zumo de limón. Cúbralo con ruedas de cebolla y ají. Déjelo en ese adobo por lo menos por dos horas.

3. Hierva los camarones y las langostas, y muela la masa de los mariscos con el jamón.

4. Sofría la cebolla picadita en la mantequilla caliente. Añádale el picadillo de mariscos y jamón. Sofríalo todo durante unos minutos. Agregue los demás ingredientes del relleno y revuélvalo todo para que no se pegue. Déjelo refrescar.

5. Rellene el pargo. Cósalo bien o ciérrelo con palillos o agujetas.

6. Coloque el pargo sobre una tártara bien engrasada o sobre ruedas de papa. Cúbralo con las ruedas de cebolla y el ají del adobo.

7. Hornéelo (a 375 grados F), aproximadmente por 1 1/2 horas. MUY IMPORTANTE: Mientras lo esté horneando, brochéelo frecuentemente con mantequilla o aceite.

PESCADO ASADO A LA CUBANA

Ingredientes

- 1 pescado (pargo o cherna) de tamaño mediano
- 1 cebolla
- 1 ajo
- Zumo de limón
- Orégano
- Sal y pimienta (a gusto)
- Hojas de laurel
- Pimentón
- Vinagre
- Aceite de oliva
- Encurtidos
- Pimientos morrones

Cómo se preparan

1. Escame y limpie el pescado.

2. Adóbelo por un rato largo con el zumo del limón, la cebolla, el ajo, el orégano, las hojas de laurel, el pimentón, la sal y la pimienta, vinagre y aceite.

3. Ase el pescado (a fuego lento... unos 325 grados F), untándole constantemente la misma salsa del adobo. Voltéelo con cierta frecuencia (para que se cocine en igual intensidad por ambos lados).

4. Sírvalo cubierto con la misma salsa; adórnelo con encurtidos y pimientos morrones.

PESCADO EN TOMATE

Ingredientes

- 2 libras de pargo
- 2 cebollas
- 1 cucharadita de sal
- 1/4 cucharadita de pimienta
- 4 cucharadas de harina
- 1 taza de salsa de tomate
- 1 cucharadita de pimentón
- 2 cucharadas de mantequilla (derretida)
- 1 limón

Cómo se preparan

1. Coloque el pescado en una tártara y cúbralo con agua suficiente.

2. Hornée (a 375 grados F) hasta que esté blando.

3. Sáquelo del horno y conserve el agua. Aparte: agréguele las cebollas a la mantequilla y dórelas.

4. Quite las cebollas y añada la harina y el agua del pescado. Forme una crema y sazone con sal, pimienta, limón y pimentón.

5. Cuando esté cocinada, añádale el tomate y cocínela hasta que esté espesa. Vierta la salsa sobre el pescado y hornée (por 25 minutos) a 375 grados F.

PESCADO EN CREMA

Ingredientes

- 2 lbs de ruedas de pargo
- 1 lb de camarones
- 1 lb de almejas
- 2 tazas de salsa bechamel
- 2 cucharadas de galleta molida

Cómo se preparan

1. Agregue a la salsa bechamel (caliente), el pescado, los camarones y las almejas. Sazone.

2. Bájelo del fuego. Espolvorée ahora con galleta y termine su cocción en el horno (a 450 grados F), por 15 minutos.

PESCADO CON GUACAMOLE

Ingredientes

- 1 pargo (de 3 libras, aproximadamente)
- 1 cebolla mediana
- 1/4 cucharadita de pimienta
- 1 cucharadita de sal
- 2 aguacates
- 3 cucharadas de vinagre
- 1/2 taza de aceite
- 12 aceitunas
- 1 cucharada de alcaparras
- 2 huevos (salcochados)
- 2 tazas de agua

Cómo se preparan

1. Cocine el pescado en agua hirviendo (con una cebolla, sal y pimienta).

2. Cuando esté blando, quítele la piel y sírvalo con la salsa guacamole.

SALSA GUACAMOLE

3. Pele el aguacate y redúzcalo a puré pasándolo por un colador. Aparte: en el mortero, maje 1 cucharada de alcaparras y las aceitunas (sin semillas). Agregue, lentamente, el vinagre y el aceite.

4. Cuando todos los ingredientes anteriores estén bien unidos, añádale 2 yemas duras y majadas (también las claras, muy picaditas).

PESCADO EN SALSA VERDE

Ingredientes
- 1 1/2 lbs de filetes (o ruedas) de pescado

Para la SALSA VERDE
- 1 diente de ajo
- 1 taza de aceite
- 1 rueda de cebolla
- 1 taza de perejil
- 1 cucharadita de sal
- 2 cucharadas de vinagre
- 1/2 taza de vino seco

Cómo se preparan
1. Mezcle todos los ingredientes (excepto el pescado) en la procesadora.

2. Coloque los filetes (o ruedas) de pescado en una sartén y cúbralos con la salsa. Cocine a fuego lento.

3. Cuando la salsa empiece a hervir, tape bien la sartén y permita que se siga cocinando (siempre a fuego lento) por unos 15 minutos. Sírvalo con papas cocidas o arroz blanco.

PESCADO CON COCO

Ingredientes
Para el relleno
- 1 coco
- 1/2 lb de pan
- 1 plátano maduro (de cocina)
- 4 onzas de pasas
- 4 onzas de nueces
- 1/4 taza de vino seco
- 2 cebollas medianas
- 1/2 taza de puré de tomate
- 2 cucharadas de azúcar

- 1 hoja de laurel
- Perejil, sal y pimienta (al gusto)

Cómo se preparan

1. Tome un pescado de 3 libras (aproximadamente). Abralo y elimine todas las espinas. Sazone con sal y limón.

2. Después de remojar el pan en el agua de coco, exprímalo un poco y colóquelo en una cacerola, añadiéndole el plátano maduro (rallado) y el resto de los ingredientes (excepto el coco).

3. Cocine por unos 20 minutos, moviéndolo constantemente.

4. Aparte: ralle el coco, agregándole 1 taza de agua. Exprímalo para sacarle la leche y a ésta agréguele un poquito de sal. Hierva por 10 minutos.

5. Pasados los 20 minutos, saque el pescado del fuego y proceda a rellenarlo con parte del relleno. Cúbralo con la crema de coco y colóquelo en un recipiente apropiado para hornear. Hornée (a 350 grados F) por 1 1/2 horas.

6. Una vez que esté dorado, retírelo del horno y sírvalo.

SUGERENCIA: Le sugiero adornar la fuente en que sirva el pescado con hojas de coco (bien limpias) y con pequeños ramitos de perejil.

PICADILLO DE PESCADO A LA CUBANA

Ingredientes

- 2 lbs de rueda de pargo
- 12 vasos de agua
- 1 cucharada de sal
- 1 cebolla
- 1 cucharada de perejil
- 3 huevos duros
- 1/4 lb de pan
- 1 taza de leche
- 1/2 cucharadita de pimienta
- 1/4 cucharadita de nuez moscada
- 1/4 taza de aceite
- 1 limón

Cómo se preparan

1. Tome las ruedas de pescado y póngalas a cocinar en agua hirviendo. Agregue la sal.

2. Cuando estén blandas, apártelas del fuego y májelas con un tenedor. Añada ahora la cebolla, el perejil y los huevos duros (bien picaditos).

3. Quítele la corteza al pan y remoje las migas en leche. Añádalo al pescado.

4. Sazone con sal, pimienta, y nuez moscada. Agregue el aceite y cocínelo... hasta que el picadillo haya absorbido la grasa.

PESCADITOS EN LECHE
Ingredientes
- 1 lb de filete de pescado
- 1 taza de leche
- 1 hoja de laurel
- 3/4 taza de mayonesa
- 6 granos de pimienta
- 1 cucharadita de sal
- 1/2 taza de clara de huevos
- 1 cucharada de zumo de limón

Cómo se preparan
1. Corte los filetes de pescado en forma de óvalos, de unas 4 pulgadas de largo por dos de ancho.

2. Póngalos en una cacerola llana, cúbralos con la leche, añádales la sal, pimienta y laurel y póngalos al fuego (por unos minutos), hasta que la leche hierva y el pescado esté cocinado. MUY IMPORTANTE: No deje que el pescado se desbarate.

3. Coloque ahora las porciones de pescado en una tártara previamente engrasada con mantequilla.

4. Aparte: bata las claras a punto de nieve, añádales la mayonesa y el jugo de limón. Cubra con esta mezcla las porciones de pescado.

5. Ponga la tártara en el horno (a una temperatura de 450 grados F) hasta que estén dorados.

6. Sírvalos calientes, adornándolos con pedacitos de limón y aceitunas. Simule con ellos los ojos, agallas y cola del pescadito.

PESCADO ASADO A LA PARRILLA
Ingredientes
- 1 pescado (pargo o cherna) de tamaño mediano
- Zumo de limón
- Aceite de oliva
- Perejil (bien picadito)
- Polvo de galleta

- Manteca
- Papel de aluminio

Cómo se preparan

1. Escame el pescado. Adóbelo bien (con el zumo del limón, el aceite, y el perejil).

2. Agréguele el polvo de galleta.

3. Envuélvalo en papel de aluminio, el cual previamente deberá haber untado con manteca.

4. Colóquelo a la parrilla.

PESCADO EN ESCABECHE
Ingredientes

- 2 lbs de serrucho
- 2 cebollas (medianas)
- 1 ají (grande)
- 2 tazas de aceite
- 1 cucharadita de sal
- Pimienta
- 1 hoja de laurel
- 1 cucharadita de pimentón
- 8 dientes de ajo
- 20 aceitunas
- 1/2 taza de vinagre

Cómo se preparan

1. Lave y limpie el pescado. Enjuáguelo y agréguele la sal y el limón (como adobo).

2. Fría las ruedas de pescado en aceite (hasta que estén doradas) y colóquelas en una vasija (preferentemente de barro, con tapa de madera).

3. Añádale el mismo aceite en el que se frieron, las cebollas (en rodajas), los ajos (picados), la hoja de laurel, el pimentón, la pimienta, las aceitunas... y el vinagre, hasta cubrir la vasija.

4. Tape todo bien y déjelo reposar por 3 ó 4 días (para que se cure) antes de servirlo.

CAMARONES ENCHILADOS
Ingredientes

- 1 lb de camarones

- 1 lata (o pomo) de pimientos morrones
- 1 lata de salsa de tomate
- 1/2 taza de aceite
- 1 macito de perejil
- 4 dientes de ajo
- 1 ají (grande)
- 1 cebolla
- 1 cucharada de vinagre
- 1/2 taza de vino seco
- 1 1/2 cuchraditas de sal
- 1 hoja de laurel
- pimienta

Cómo se preparan

1. Después de lavar y limpiar los camarones, fríalos en aceite (a temperatura media).

2. A medio freír, añádales los ajos (machacados), la cebolla y el ají (molidos). Permita que los camarones se cocinen (siempre a temperatura media) por unos minutos en este sofrito.

3. Agrégueles los pimientos (con su agua), el laurel, el perejil picadito, la salsa de tomate, el vino seco, sal y pimienta.

4. Cocínelo todo (a fuego lento) por 30 minutos más.

Sugerencia útil: Si prefiere su enchilado más picante, puede añadirle (cuando se esté cocinando) un poco de ají picante molido. Después de cocido puede agregarle cualquier tipo de salsa picante (depende de su gusto).

CAMARONES EN SALSA BLANCA

Ingredientes

- 3 lbs de camarones
- 1 taza de salsa blanca
- Zumo de limón
- Sal y pimienta (a gusto)

Cómo se preparan

1. Cocine los camarones frescos al horno (en poca agua y a temperatura media… 350 grados F).

2. Una vez cocidos y pelados los camarones (cerciórese de haberles sacado el cordón negro), sazónelos con sal, pimienta y el zumo de limón.

3. Colóquelos en una fuente y cúbralos con la salsa blanca mediana (vea las recetas de SALSAS, en la página 72).

CAMARONES AL GRATIN

Ingredientes
- 3 lbs de camarones
- 2 cebollas (bien cortaditas)
- 1 pepino (cortadito)
- Harina de Castilla
- Puré de tomate
- Pimientos morrones (una lata o pomo pequeño)
- Petit pois
- Perejil
- Sal y pimienta (a gusto)

Cómo se preparan

1. Salcoche los camarones, después de haberles eliminado el cordón negro. Sáquele las masas.

2. En un recipiente, ponga puré de tomates, los pimientos morrones y los petit pois.

3. Aparte, prepare un sofrito con la mitad de las cebollas (bien cortaditas), ajo y perejil (machacados previamente en el mortero), y sal y pimienta (al gusto).

4. Agregue al sofrito el puré de tomate, la otra mitad de la cebolla picadita, y los pepinos. Seguidamente, agregue los camarones y el caldo.

5. Cocine a fuego bajo, hasta que la mezcla cuaje. Si fuera necesario, agregue harina de castilla para hacerla más espesa.

BACALAO A LA VIZCAINA

Ingredientes
- 1 lb de bacalao
- 1 cebolla grande (bien cortadita)
- 1 tostada de pan
- 1 ajo
- 1 ramita de perejil
- 1 cucharada de harina
- 8 pimientos
- 3 cucharadas de aceite de oliva

Cómo se preparan

1. Elimina la sal del bacalao poniéndolo en remojo desde la noche anterior (proceso llamado "desalar").

2. Comience a freírlo (a temperatura media), y una vez que note que está bien frito, agréguele la cebolla (bien cortada). Siga cocinando, hasta que se dore.

3. Fría, ahora la tostada de pan, el ajo y la ramita de perejil.

4. Agréguele la harina, y cuando todo esté bien cocinado, mézclelo con la masa de los pimientos (cocínelos aparte, eliminándole antes todas las semillas).

5. Deje cocinar todo (a fuego lento) por un buen rato… y páselo por un colador, después de exprimirlo (para que resulte una salsa bien espesa).

6. Coloque el bacalao en una cazuela y viértala por encima esta salsa, moviéndola con la misma cacerola (para que no se pegue).

7. Cocine (a fuego lento) por un rato. Sírvalo bien caliente.

APORREADO DE BACALAO

Ingredientes

- 1 lb de bacalao (sin espinas)
- 1/2 taza de aceite
- 1 cebolla
- 1 ají (grande)
- 2 dientes de ajo
- 1 lata de salsa de tomate
- 1 cucharadita de pimienta
- 1 hoja de laurel
- 1 latica (o pormo) de pimientos morrones
- 3 cucharadas de vino seco
- 6 huevos

Cómo se preparan

1. Remoje el bacalao en agua desde la noche anterior.

2. A la mañana siguiente, bótele el agua del remojo, añádale 1 taza de agua fresca y cocínelo (por unos 15 ó 20 minutos, hasta que empiece a ablandarse). Elimine el agua y desmenúcelo en pequeños pedacitos.

3. Caliente el aceite en una sartén grande, sofría la cebolla (picadita) con los dientes de ajo (machacados). Añada el ají (también picadito) y cocínelo todo junto unos 2 ó 3 minutos, revolviendo constantemente (para que no se pegue).

4. Agregue ahora la salsa de tomate, sal, pimienta, laurel, vino seco, la mitad de los pimientos morrones (molidos con el agua de los mismos) y el bacalao. Cocínelo todo a fuego lento (aproximadamente por 20 minutos).

5. Casi al momento de servirlo, añádale los huevos batidos y cocínelo (a fuego lento), revolviéndolo constantemente hasta que cuaje.

6. Adórnelo con el resto de los pimientos morrones y unas ruedas de pan frito en aceite de oliva.

LANGOSTA GRILLE

Ingredientes
- Langostas (medianas)
- Sal y pimienta (a gusto)
- Mantequilla

Cómo se preparan

1. Cocine las langostas por espacio de 20 minutos (con sal y pimienta)... y déjelas enfriar.

2. Pártalas a la mitad, y límpielas debidamente. Unteles mantequilla y póngalas directamente al fuego, en una parrilla.

3. Cuando estén ligeramente doradas, sírvalas con salsa Maitre d'Hotel (vea SALSAS).

MUY IMPORTANTE: Utilice, para obtener mejores resultados, una mantequilla de buena calidad (manténgala a temperatura ambiente). Cuando vaya a cocinar la langosta con sal y pimienta tenga en cuenta que la salsa Maitre d'Hotel contiene pimienta, así podrá condimentarla de acuerdo a su gusto.

LANGOSTA ENCHILADA

Ingredientes
- 4 ó 5 langostas de tamaño mediano
- 1/2 taza de aceite
- 1 cebolla
- 3 dientes de ajo
- 1 ají (grande)
- 1 macito de perejil
- 1 lata de salsa de tomate
- 1 lata (o pomo) de pimientos morrones
- 1/2 taza de catsup
- 1/2 taza de vino seco
- 1 cucharadita de vinagre
- 1 hoja de laurel
- 1 1/2 cucharadita de sal
- 1 cucharadita de pimienta (en granos)

- 1 cucharadita de salsa inglesa
- 1 cucharadita de salsa picante

Cómo se preparan

1. Separe las colas de las langostas, lávelas y quíteles el cristal.

2. Corte las colas en trocitos de aproximadamente una y media pulgadas. MUY IMPORTANTE: Si le deja el carapacho, es probable que el enchilado resulte más sabroso.

3. Fría los trocitos de langosta en aceite, y cuando se vuelvan rosados, agregue la cebolla (molida), los ajos (machacados) y el ají (molido). Sofría durante un buen rato.

4. Seguidamente, agregue el perejil (bien picadito), los pimientos morrones (molidos, y con su agua), la salsa de tomate, el catsup, la pimienta (machacada), y las salsas inglesa y picante.

5. Cocine (a fuego lento) por unos 25 ó 30 minutos.

CALAMARES RELLENOS (EN SU TINTA)

Ingredientes

- 12 calamares
- 1 lb de jamón
- 1 cebolla
- 4 dientes de ajo
- 1 taza de aceite
- 1 ají
- 5 tomates
- 1/2 taza de vino seco
- 1/4 cucharadita de sal
- 1/4 cucharadita de pimienta

Cómo se preparan

1. Limpie los calamares y quítele la tinta a la cabeza y la pluma. Después, quítele la piel que lo cubre alrededor. También puede emplear calamares en lata (en su tinta).

2. Relleno: Pase el jamón por la máquina, añádale la cebolla, los tomates, el ají (bien picadito), y el ajo (machacado con la pimienta), aceite y sal. Cocine (a fuego lento) por 10 minutos.

3. Rellene los calamares y cósales el borde. Ahora fríalos en una sartén con aceite, cebolla, ajo machacado, pimienta y tomate (bien picadito).

4. Cuando tomen un color rosado, añádale el vino seco. Seguidamente, maje

en el mortero las bolsas de tinta, las cuales debe desleír en un poco de aceite y agregárselas.

5. Cocine (a fuego lento) hasta que los calamares estén blandos y queden en su salsa.

Sugerencia útil: Si desea que la salsa sea más espesa, agregue harina.

CANGREJOS ENCHILADOS

Ingredientes

- 6 cangrejos
- 3/4 taza de sofrito
- 1/4 taza de vino seco
- 2 ajíes picantes

Cómo se preparan

1. Salcoche los cangrejos, ligeramente.
2. Sáqueles las masas y agrégueles a éstas el sofrito y el vino seco.
3. Sazone con sal y pimienta y cocine hasta que la salsa esté casi consumida.

MUY IMPORTANTE: Para logar un sofrito apropiado, le sugerimos que use 1/2 taza de aceite, 1 cebolla, 3 dientes de ajo, 1 ají grande, 1/2 taza de perejil, salsa de tomate, pimientos morrones, catsup, 1 cucharada de vinagre, 1 hoja de laurel, sal, pimienta en grano, y salsa inglesa.

CANGREJOS ENVINADOS

Ingredientes

- 4 cangrejos (grandes)
- 1 lb de zanahorias
- 1/2 lb de nabos
- 1 1/2 lb de papas
- 1/2 taza de petit pois
- 1 cucharada de sal
- 1/2 cucharadita de pimienta
- 3 dientes de ajo
- 1/8 lb de mantequilla
- 1 vaso de vino blanco
- 1 taza de caldo básico
- 2 ajíes picantes

Cómo se preparan

1. Salcoche las zanahorias, las papas y los nabos. Cuando estén cocinados, bájelos del fuego y déjelos enfriar (para picarlos en ruedas finas).

2. Saltée ahora en mantequilla caliente, y sazone con sal y pimienta.

3. Salcoche los cangrejos ligeramente y quíteles la masa. Cocine ésta con el vino y el caldo.

4. Sazone con sal, pimienta y el ají picante que hubo de machacar previamente; cocine a fuego lento.

5. Sirva con las verduras alrededor.

CANGREJOS RELLENOS

Ingredientes

- 6 cangrejos
- 1/4 lb de pan
- 1 cucharada de alcaparras
- 1 taza de leche
- 1 cucharada se mantequilla
- 3 huevos duros
- 3 cucharaditas de galleta molida
- 1/4 de manteca
- 1 taza de vino seco
- 1 cucharadita de sal
- 1/2 cucharadita de pimienta
- 1 lechuga
- 3/4 taza de sofrito
- 1 huevo

Cómo se preparan

1. Cocine ligeramente los cangrejos. Con mucho cuidado, sáqueles la masa (trate de no romper el carapacho).

2. Lave bien los carapachos y rellénelos de nuevo con un picadillo. Prepare este picadillo remojando la masa de los cangrejos en la leche y añadiéndoles las migas de pan y el sofrito.

3. Agregue, finalmente, el vino seco, la mantequilla, sal, pimienta, las alcaparras (majadas en el mortero), y los huevos duros (bien picaditos).

4. Cocine a fuego lento. Cuando esté listo, rellene los cangrejos.

5. Tape con huevo y galleta la parte por donde se rellenaron y fríalos en manteca (bien caliente) o dórelos al horno (a 450 grados F) por unos minutos.

6. Sírvalos adornados con hojas de lechuga.

HARINA CON CANGREJOS

Ingredientes

- 6 cangrejos
- 2/3 tazas de aceite
- 2 cebollas
- 4 dientes de ajo
- 1 ají grande
- 1 lata de salsa de tomate
- 1 cucharada de vinagre
- 3 tazas de harina de maíz gruesa
- 18 tazas de agua
- 2 cucharadas de sal (aproximadamente)
- 1/2 cucharadita de pimienta

Cómo se preparan

1. Compre los cangrejos vivos. Después de matar los cangrejos (sumérjalos en agua hirviendo), separe las muelas y las patas. Limpie bien el cuerpo del cangrejo y córtelo en dos. Lave bien las muelas y las patas.

2. Caliente el aceite. Sofría las cebollas, ajo, ají y tomate. Añádale el vinagre y los cangrejos (ya limpios y picados).

3. Agregue ahora la harina, el agua, la sal y la pimienta. Permita que todo se vaya cocinando (a fuego lento) por dos horas, aproximadamente.

4. Antes de servir este plato, compruebe si necesita más sal.

Sugerencia útil: Si se le dificulta conseguir los cangrejos vivos, puede sustituirlos por masa de cangrejo congelada o por masa de cangrejos en latas. En este caso, aderece la masa con bastante zumo de limón. Elimínelo al incorporar el cangrejo a los demás ingredientes de la receta anterior.

10

LOS PLATOS MAS DELICIOSOS… ¡CON AVES!

POLLO A LA CUBANA

Ingredientes

- 1 pollo
- Sal y pimienta (a gusto)
- 1 naranja agria
- Manteca
- 1/2 lb de jamón (lasqueado)
- 1 cebolla (picada)
- 3 dientes de ajo
- 6 tomates
- 1 ají
- Perejil (picado)
- Orégano
- Alcaparras (molidas)
- Aceitunas
- Almendras (tostadas)
- Caldo de pollo (preparado previamente)
- Plátanos maduros fritos.

Cómo se preparan

1. Corte el pollo y adóbelo con sal, pimienta y el jugo de la naranja agria.

2. Fría el pollo en la manteca, conjuntamente con las lascas de fajón. Agregue bastante cebolla picada, ajo, tomate, ají y perejil (picados), orégano tostado, alcaparras molidas, aceitunas, almendras tostadas y caldo suficiente.

3. Cuando el pollo esté casi blando, añádale plátanos maduros fritos. Sírvalo bien caliente.

POLLO RELLENO

Ingredientes

- 2 pollos (de 2 lbs, aproximadamente)
- 2 huevos duros
- 1/4 lb de pan
- 1 taza de leche
- 1/2 lb de carne de puerco
- 2 onzas de pasas
- 2 onzas de almendras
- 2 cebollas
- 1/4 taza de puré de tomate
- 1 ají

- 1 cucharada de sal
- 1/2 cucharadita de pimienta
- 1/4 lb de jamón
- 1/2 taza de manteca
- 1 taza de vino seco
- 18 aceitunas
- 1 cucharada de manteca

Cómo se preparan

1. Limpie los pollos.

2. Rellénelos con el siguiente picadillo: pase la carne y el jamón por la procesadora, añádale la manteca, cebolla, tomate, ají (bien picadito), miga de pan (mojada en leche), almendras, pasas, aceitunas, la mitad del vino seco y un poco de manteca. Cosa el pollo.

3. Hornée (a 375 grados F) en un recipiente con manteca, 1 cebolla, y el resto del vino (durante 1 hora, aproximadamente, o hasta que el pollo esté blando).

OTRO RELLENO PARA EL POLLO

1. Cocine el pollo (con salsa de tomate, aceitunas, alcaparras, almendras y pasas).

2. Una vez listo, separe la salsa en que se cocinó y desmenuce el pollo.

3. Una nuevamente las masas con la salsa y mézclelo todo bien. Permita que se enfríe.

4. Una vez frío (no antes), rellene el pollo... y hornée por 1 hora, aproximadamente (a 375 grados F).

Sugerencia útil: Si prefiere un relleno más uniforme, le sugerimos que use solamente pechugas de pollo. Puede también utilizar sólo la parte que sea de su agrado.

POLLO EN CAZUELA

Ingredientes

- 1 pollo
- Comino tostado
- Sal y pimienta (a gusto)
- 1 naranja agria
- 1 cebolla picada
- 5 cucharadas de manteca
- Orégano tostado

- 1/2 tacita de vino seco
- 3 dientes de ajo

Cómo se preparan

1. Deje el pollo entero.

2. En el mortero, una un poco de comino tostado, ajos, pimienta y sal. Unte este adobo al pollo (por dentro y por fuera).

3. Añada el zumo de la naranja agria y la cebolla (bien picadita). Permita que el pollo repose, en adobo, durante una o más horas.

4. Luego coloque el pollo en la sartén, con manteca suficiente. Cocínelo tapado, y a fuego lento.

5. Al rato, añádale el orégano tostado y el vino seco. Siga cocinando hasta que compruebe que la carne del pollo está completamente blanda.

Sugerencia útil: Si lo prefiere, puede incluir los menudos del pollo y cocinarlos en la misma forma.

POLLO MERENGADO

Ingredientes

- 1 pollo (de 2 lbs, aproximadamente)
- 3/4 taza de sofrito
- 1/2 taza de vino seco
- 1 lata de pimientos morrones
- 4 huevos
- 1/4 taza de manteca

Cómo se preparan

1. Prepare un sofrito. Añádale el pollo… y permita que se cocine (sin añadirle agua).

2. Cuando esté medio cocinado, agregue el vino seco y los pimientos morrones (picaditos).

3. Una vez que se ablanden, quítelos del fuego y elimine la salsa.

4. Fría los huevos… y sirva. MUY IMPORTANTE: Para servir, coloque los pollos en el centro de la bandeja; los huevos alrededor. Cúbralo todo con la salsa.

POLLO DEMIDOFF

Ingredientes

- 1/2 taza de vino seco
- 1 pollo (de 2 lbs, aproximadamente)

- 1/2 lb de zanahorias
- 1 lata de champiñones
- 1 taza de arroz blanco cocinado
- 1 cucharada de harina
- 1 cabeza de ajo
- 1 cucharadita de perejil
- 4 hojas de apio (con sus tallos)
- 1 cebolla
- 1/4 lb de jamón
- 5 tomates
- 3/4 cucharadita de sal
- 1/2 cucharadita de pimienta
- 4 cucharadas de manteca
- 1 taza de caldo básico (ver receta)

Cómo se preparan

1. En un recipiente apropiado, ponga la manteca y el pollo (cortado en cuartos). Añada el perejil, zanahorias, apio y cebolla (todo muy picadito). Incorpore ahora la cabeza de ajo. Saltée todo (a fuego vivo) y sazone (con sal y pimienta). Agréguele el caldo.

2. Seguidamente, échele el vino. Cúbralo y permita que se cocine (a fuego lento) por 30 minutos. Añádale los tomates (sin piel ni semillas).

3. Cuando todo esté cocido, coloque el pollo en un recipiente y rodée con arroz blanco.

4. A la salsa y a las legumbres añádales 1 cucharada de harina. Cocine hasta que tome un color oscuro. Entonces añádale 1 cucharón de caldo... y cocine por 10 minutos.

5. Cuele el pollo y añádale trocitos de jamón y champiñones. Hornée (a 350 grados F) por 20 minutos. Sírvalo inmediatamente.

Sugerencia útil: Si usted prefiere no usar productos enlatados, le sugerimos los champiñones frescos. Lávelos y cepíllelos (si tiene tierra) y póngalos en agua, con el zumo de 1/2 limón. Lávelos bien y escurra en seguida.

FRICASE DE POLLO

Ingredientes

- 1 pollo
- 4 cucharadas de manteca
- 1 cebolla (grande picada)
- 3 dientes de ajo

- 12 tomates picados
- 1 ají (grande, en pedacitos)
- 1 ramita de perejil
- Sal y pimienta (a gusto)
- 1/4 lb de jamón picado
- Caldo de pollo (preparado anteriormente)
- 1/2 tacita de vino seco

Cómo se preparan

1. Corte el pollo en porciones pequeñas; la pechuga en tres partes.

2. En una sartén, caliente la manteca. Eche la cebolla y los dientes de ajo. Después agregue los tomates (picados), el ají (cortado en pedacitos), y la ramita de perejil.

3. Una vez que esté listo el sofrito, desbarate los tomates (con una cuchara de madera), échele sal y pimienta al pollo, y colóquelo (tapado) para que se cocine en el sofrito.

4. Tan pronto note que se empieza a ablandar, añádale un poco de jamón picado.

5. Seguidamente, agréguele el caldo y la media tacita de vino seco.

6. Tape... y acabe de cocinar (a fuego lento).

POLLO BORRACHO

Ingredientes

- 1/4 lb de mantequilla
- 2 pollos (cortados en octavos)
- 1 1/2 libras de cebollas blancas
- 1 cucharada de sal
- 1/4 cucharadita de pimienta
- 1/2 cucharadita de sal de ajo
- 1 1/2 taza de vino blanco

Cómo se preparan

1. Caliente la mantequilla y dore en ella las porciones de pollo. Espolvoréelos con sal, pimienta y sal de ajo.

2. Coloque las cebollas (peladas, pero enteras), entre las porciones del pollo.

3. Ahora ¡agregue el vino!

4. Cubra bien el recipiente y cocine (a fuego medio) por unos 40 minutos.

Sugerencia útil: Si prefiere que la salsa le quede un poco más espesa, envuelva las porciones de pollo en harina de Castilla antes de dorarlos inicialmente en la mantequilla.

PASTEL DE POLLO

Ingredientes

- 3 tazas de harina
- 2 1/2 cucharaditas de polvo de hornear
- 2 cucharadas de azúcar
- 1 1/2 cucharaditas de sal
- 12 cucharadas (soperas) de manteca derretida
- 1/2 taza de leche
- 2 huevos (con sus claras)

Cómo se preparan

1. En un recipiente apropiado, cierna la harina con el polvo de hornear. Ahueque en el centro, e incorpore (en ese espacio) el azúcar, la sal y los huevos (bien batidos de antemano). Después, agregue la manteca.

2. Una todo a medida que vaya echando la leche... pero sin amasar.

3. Divida la masa en dos partes iguales.

4. Para extender la masa: ponga un papel dos dedos mayor que el molde por ambos lados (es preferible que éste sea rectangular), engrase el papel y sobre éste estire la primera parte de la masa (hasta que tenga un espesor de 1/4 de pulgada, aproximadamente).

5. Vire el molde (que estará previamente engrasado), quedando el papel para arriba. Despéguelo lentamente.

6. Una vez preparado esto, ponga el relleno del pastel (puede variar de acuerdo a su preferencia... pollo, cerdo, pescado, etc.). Cubra con el resto de la masa, después de amasarla (como hizo con la primera parte).

7. Una los bordes.

8. Por último, bata un huevo entero y espárzalo (con una brochita) sobre la masa. Hornée a 350 grados F. durante 30 minutos aproximadamente.

PASTEL DE MEDIANOCHE

Ingredientes

Para la masa:
- 2 1/2 tazas de harina
- 1/2 taza de azúcar blanca
- 2 cucharaditas de polvos para hornear
- 1/4 cucharadita de nuez moscada

- 1/2 cucharadita de sal
- 1/4 lb de mantequilla
- 2 yemas
- 1 huevo entero
- 1/4 taza de vino seco
- Para el relleno:
- 1/2 lb lascas de jamón dulce
- 1/2 lb lascas de queso
- 1/2 lb lascas de pierna de puerco
- 1/4 lb lascas de pechuga de pavo
- 1/2 pepino encurtido
- 1 cucharadita de mostaza

Para barnizar

- 1 yema de huevo
- 1 cucharada de leche

Cómo se preparan

1. Cierna la harina con el azúcar, los polvos de hornear, la sal y la nuez moscada. Añádale la mantequilla y mezcle (hasta que se forme una especie de boronilla fina). En este momento, agregue las yemas batidas con el aceite y el vino seco. MUY IMPORTANTE: Utilice un tenedor para revolver y unir la masa.

2. Amáselo, ligeramente, con las manos. Seguidamente, divida la masa en dos porciones, extiéndalas con el rodillo. Coloque una en el fondo de un molde de pastel de 9 pulgadas de diámetro, previamente engrasado con mantequilla.

3. Úntele mostaza, coloque las lascas de jamón, pierna, pavo, queso y pepino. Cúbralo con el resto de la masa. Barnícelo con la mezcla de yema y leche. Selle los bordes con un tenedor y ábrale una seie de incisiones en la parte superior.

4. Hornée (a 375 grados F) durante 50 minutos, o hasta que esté dorado.

Sugerencia útil: Para obtener los mejores resultados en la confección de su pastel de medianoche, utilice jamón serrano y harina de la mejor calidad. Es preferible emplear una buena mantequilla (no use margarina).

GUINEAS CON PASAS

Ingredientes

- 2 guineas
- 1 limón
- 3 dientes de ajo
- 1/8 cucharadita de pimienta

- 1/4 taza de aceite
- 1 cebolla
- 2 cucharaditas de sal
- 1 taza de vino seco
- 1 cucharadita de vinagre
- 1 taza de pasas (sin semillas)

Cómo se preparan

1. Corte las guineas en cuartos. Adóbelas con el ajo (machacado), jugo de limón y pimienta. Permita que repose durante 1 hora (en el refrigerador).

2. Dore las guineas en el aceite caliente, con la cebolla (cortada en ruedas). Una vez doradas, espolvoréelas con sal y agregue en ese momento el vino seco.

3. Cubra el recipiente y cocine (a fuego lento) durante unos 20 minutos.

4. Añada las pasas y siga cocinando (siempre a fuego lento) por unos 10 minutos más.

Sugerencia útil: En esta receta, si así lo prefiere, puede sustituir las guineas por pollos. Igualmente, puede sustituir las pasas por ciruelas pasas (elimine las semillas).

GUINEA EN SU SALSA

Ingredientes

- 1 guinea (de 3 lbs, aproximadamente)
- 2 cucharadas de aceite
- 2 cucharadas de manteca
- 6 yemas de huevos
- 1 cucharadita de sal
- 1 cucharadita de pimienta
- 1 cucharada de perejil
- 3 dientes de ajo
- 1 hoja de laurel
- 1 vaso de agua
- 1 limón

Cómo se preparan

1. Limpie la guinea y úntele, por todas partes, limón, ajo y sal.

2. Póngala a asar en un recipiente apropiado con manteca. A medio asar, agréguele perejil, pimienta, aceite, hoja de laurel y agua.

3. Cocine hasta que se ablande. Seguidamente, saque la guinea y cuele la salsa (espésela con las yemas crudas).

4. Cocine a baño de María y vierta la salsa sobre la guinea.

OTRA VARIANTE: Si prefiere algo más sofisticado, le sugiero la guinea en salsa negra. Utilice para la confección de la salsa 4 lascas de bacon, hígados de guinea, 1 cebolla grande, 1 diente de ajo, sal, pimienta, tomillo, 1 taza de vino tinto, 1 1/4 tazas de caldo (consomé), 1 cucharada de harina, 1/4 taza de agua, y 1/2 cucharadita de bouquet de cocina. Haga el sofrito, dore en él los pedazos de guinea, cúbralos con el vino y el caldo, y cocine a fuego lento (por 2 horas).

POLLO FRITO CUBANITO

Ingredientes

- 1 pollo (de 2 lbs, aproximadamente)
- 3 dientes de ajo
- 1 cucharadita de orégano
- 1 cucharadita de comino
- 1 naranja agria
- 1 cebolla
- 1 cucharadita de sal
- 1/4 cucharadita de pimienta
- 1/2 taza de aceite

Cómo se preparan

1. Limpie el pollo y córtelo en cuartos o en octavos. Machaque los dientes de ajo con el comino y el orégano, y añádale el jugo de la naranja agria.

2. Adobe bien los pollos con esta mezcla, cúbralos con las ruedas de las cebollas, y déjelos en adobo (por unas 2 ó 3 horas).

3. En aceite caliente, dore las porciones de pollo. Una vez doradas, añádales el resto del adobo. Espolvorée con sal y pimienta, y fría también las cebollas.

4. Deje el recipiente tapado (a fuego lento) por unos 25 ó 30 minutos.

PAVO RELLENO (ASADO AL HORNO)

Ingredientes

- 1 pavo de 8 libras, aproximadamente
- 2 dientes de ajo
- 7 lascas de tocineta
- Sal y pimienta (a gusto)
- 1 cebolla (grande, cortada)
- 2 naranjas agrias

- Manteca
- 1 hoja de laurel
- 1/2 taza de vino seco
- Papel de aluminio

Cómo se preparan

1. El día anterior: adobe el pavo con sal y pimienta, por dentro y por fuera. Déjelo en adobo con el ajo machacado, la cebolla, la hoja de laurel, la naranja agria y el vino seco.

2. Rellene el pavo y póngale las tocinetas prendidas en el cuerpo (con unos palillos), para que el ave se impregne en esa grasa.

3. Póngalo en el horno (a 350 grados F) durante 20 minutos por cada libra de pavo, cuidando de rociarlo constantemente con el adobo mientras se está cocinando.

4. Sírvalo con la salsa que el propio pavo suelta al cocinarse, pero cuélela antes de servirla.

Sugerencia útil: Para envolver el pavo, utilice un papel de aluminio con las dimensiones apropiadas (la variedad de estos papeles es extraordinaria en el mercado actual). Asegúrese de cubrir toda la parte superior del ave, de manera que al cocinarse en el horno mantenga su humedad natural.

Media hora antes de sacar el pavo del horno, elimine el papel de aluminio. Unte la piel del ave con mantequilla y expóngala directamente en el horno de manera que se dore completamente.

MUY IMPORTANTE: Con lo que quede del pavo, usted puede hacer al otro día platos fáciles y deliciosos, tales como el Pastel de Medianoche (véase), para el cual le vendrán muy bien las lascas que pueda sacar de la pechuga del pavo, ya frío.

RELLENO ESPECIAL PARA EL PAVO

Ingredientes

- 1 lb de carne de res
- 1/2 lb de jamón
- 1 latita de champiñones
- 4 huevos duros
- Migas de pan, mojadas en leche (o rellenos especiales preparados ya con este fin)
- 2 huevos crudos
- Aceitunas y pasas (a gusto)
- 1 cebolla (grande)

- Alcaparras
- 1/2 lb de carne de cerdo
- 5 dientes de ajo machacados
- Tomates picados (ó 1 latita de puré)
- 1 naranja agria
- 1 tacita de vino seco
- Sal
- Pimienta
- Nuez moscada
- Ajíes y perejil

Cómo se preparan

1. Para hacer el picadillo (carne molida) cocine la carne de res y la de cerdo, y páselas por la máquina moledora (conjuntamente con el jamón, los champiñones y los huevos duros).

2. Añádales las migas de pan mojado en leche, los huevos crudos, las aceitunas sin semillas, y las pasas.

3. Prepare en la sartén un buen mojo con manteca, alcaparras (molidas), cebollas y tomates (picados), ajíes, perejil y ajo.

4. Incorpore ahora la carne molida (con el zumo de la naranja agria, vino seco, sal, pimienta y nuez moscada) y téngala a fuego lento hasta que esté bien cocinado.

5. Una vez retirada del fuego, agregue los pepinos encurtidos, una latita de petit pois y puntas de espárragos. Con todo esto se rellena el pavo.

RELLENO PARA EL POLLO

Ingredientes

- 4 pechugas
- 2 cucharadas de manteca
- 1 cucharadita de sal
- 1/4 taza de vino seco
- 5 cucharadas de puré de tomate
- 1 cucharadita de polvo de ajo
- Aceitunas rellenas (a gusto)

Cómo se preparan

1. Prepare un frincasé de pollo, y cuando esté en su salsa, saque las pechugas y desmenúcelas o córtelas en pequeñas porciones.

2. Una el pollo nuevamente a la salsa. ¡Listo!

PAVO RELLENO CON CONGRI

Ingredientes

- 1 pavo (de 8 ó 10 libras, aproximadamente)
- 3 dientes de ajo
- 2 cucharaditas de sal
- 1/4 cucharadita de pimienta
- 1/4 cucharadita de comino
- 1 cucharadita de orégano
- 1 naranja agria
- 1/2 lb de frijoles negros
- 4 tazas de agua
- 1 ají (grande)
- 3 tiras de bacon
- 1/2 cebolla
- 1/2 ají
- 2 dientes de ajo
- 1 1/2 tazas de arroz
- 2 cucharaditas de sal
- 1 hoja de laurel
- 1/4 cucharadita de pimienta
- 1/8 cucharadita de orégano
- 6 tiras de bacon
- 1/2 taza de vino seco

Cómo se preparan

1. Limpie el pavo. En un mortero, machaque los dientes de ajo con la sal, pimienta, comino y orégano.

2. Agregue el jugo de la naranja agria, y unte este adobo a todo el pavo. En la parte superior, coloque la cebolla (cortada en ruedas). Déjelo en este adobo por varias horas.

Para preparar el Congrí

3. Lave los frijoles y remójelos por varias horas. Cocínelos en esa misma agua, con ají, hasta que se ablanden.

4. Aparte: fría las tiras de bacon (cortadas en trocitos), y en la misma grasa del bacon sofría la cebolla (picadita), el ajo (machacado), y el ají (picadito).

5. Agregue este sofrito a los fijoles (cuando ya estén blandos). Incorpore el arroz y las especies, así como los pedacitos de bacon fritos.

6. Deje que el arroz se cocine (a fuego mediano) hasta que se seque (sola-

mente). Si nota que el grano aún está duro, no le preste importancia, ya que se terminará de ablandar al cocinarse en el pavo.

Rellenando el pavo...

7. Rellene el pavo con el congrí que acaba de preparar, y colóquelo en un recipiente apropiado para meterlo en el horno. Antes, cúbralo con las tiras de bacon y báñelo con el vino seco.

8. Hornée (a 325 ó 350 grados F) por unas 3 ó 4 horas.

Sugerencia útil: Esta misma receta puede servirle para preparar los pollos rellenos con congrí (utilice pollos grandes, desde luego). También, puede emplear como relleno el congrí o los moros que le hayan quedado del día anterior.

PALOMITAS EN SALSA NEGRA
Ingredientes
- 6 palomas rabiches
- 1 cebolla
- 2 tazas de vino tinto
- 2 ajíes
- 1/4 taza de manteca
- 3/4 cucharada de sal
- 1/2 cucharadita de pimienta

Cómo se preparan

1. Limpie las palomas y dórelas en manteca (bien caliente). Añádales las ruedas de cebollas y lascas de ajíes verdes.

2. Sazónelas con sal y pimienta y agrégueles vino tinto.

3. Cocine hasta que la carne se ablande y queden en su salsa. Espésela con 1 cucharada de harina de trigo y cuélela.

11

CON CARNE,
PLATOS SUCULENTOS

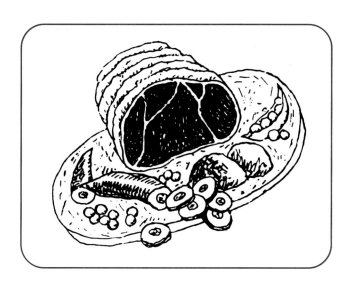

BISTEC A LA PARRILLA

Ingredientes

- Carne de res
- Mantequilla
- Perejil
- Zumo de limón
- Sal y pimienta (a gusto)

Cómo se preparan

1. Adobe la carne previamente (con mantequilla, perejil bien picadito, y zumo de limón).

Luego póngala a la parrilla. Al estar lista (según el término de su preferencia), espolvoréela con sal y pimienta.

3. Sírvala con puré de papas.

Sugerencia especial: Obtendrá mejores resultados si utiliza el filete del centro cortado en bistecs. Si usted prefiere el **Bistec a la plancha,** entonces deberá utilizar zumo de naranja agria, 2 cucharads de mantequilla, 2 dientes de ajo, y 1 cebolla.

BISTEC EMPANIZADO

Ingredientes

- 1 lb de bistec de palomilla
- 2 dientes de ajo
- 1 cebolla
- 1/2 naranja agria
- 2 huevos
- 1/2 cucharadita de sal
- 1 taza de galleta molida
- 1/4 cucharadita de pimienta

Cómo se preparan

1. Corte la libra de carne en 6 bistecs finitos. Límpielos y macháquelos bien.

2. Cúbralos con ajo machacado, cebolla y pimienta molida. Añádales el jugo de la naranja agria y guárdelos (bien tapados) en el refrigerador… durante una hora como mínimo.

3. A la hora de preparar los bistecs, bata los huevos con media cucharadita de sal.

4. Escurra bien los bistecs y páselos por el huevo batido y la galleta molida (dos veces).

5. Fríalos en aceite caliente (a unos 375 grados F) hasta que estén doraditos.

BISTEC ASADO EN CAZUELA

Ingredientes

- 6 bistecs de palomilla
- 2 dientes de ajo
- 1 naranja agria
- 1 cebolla
- 1 ají (grande)
- 3 cucharadas de aceite
- 1 cucharadita de sal
- 1/4 cucharadita de pimienta
- 1 hoja de laurel
- 1/4 taza de salsa de tomate
- 1/2 taza de vino seco

Cómo se preparan

1. Machaque los bistecs y adóbelos con el ajo machacado y el jugo de la naranja agria.

2. Cúbralos con el ají y la cebolla (cortados en ruedas) y tápelos. Guárdelos en el refrigerador, por lo menos media hora.

3. Caliente el aceite y dore ligeramente los bistecs en el aceite.

Añada luego la cebolla y el ají, y cuando la cebolla y el ají estén un poquito cocinados, écheles el líquido del adobo y los demás ingredientes.

4. Tape bien la cacerola y cocínelos (a fuego lento) hasta que estén blandos (aproximadamente unos 30 minutos).

BISTEC HAMBURGUESA

Ingredientes

- 1 libra de carne de res (molida)
- 1 huevo
- 1 cucharadita de sal
- 1 diente de ajo
- 1 cucharada de cebolla (molida)
- 2 cucharadas de leche
- 1 cucharada de vino seco
- 2/3 taza de galleta molida (aproximadamente)
- 4 tiras de bacon

Cómo se preparan

1. Mezcle la carne con los demás ingredientes (excepto el bacon). Divida esta masa en cuatro partes y forme unas tortas que tengan aproximadamente 3/4 pulgadas de espesor.

2. Corte cada tira de bacon en dos y ponga los cuatro pedazos en una sartén (sin grasa). Fría bien el bacon (hasta que esté tostadito y suelte grasa). Después, ponga aparte las tiras de bacon.

3. En la grasa que soltó el bacon, fría las cuatro tortas de carne molida (hasta que estén doraditas). Baje la temperatura y deje a fuego mediano (aproximadamente por 10 minutos), para que queden bien cocinadas en el interior.

4. Voltéelas una o dos veces más. Sírvalas con una tirita de bacon encima de cada una.

Sugerencia útil: Para que su bistec hamburguesa quede bien hecho y tenga mejor sabor, le sugerimos utilice carne limpia y de buena calidad, sin partes que contengan sebo o grasa. Es conveniente que usted compre la carne en pedazos y la muela en su casa, después de quitarle toda la grasa y lavarla.

BOLICHE ASADO EN CAZUELA

Ingredientes

- 1 boliche de 3 libras (aproximadamente)
- 1 cebolla grande
- 1 hoja de laurel
- 1 naranja agria
- 2 oz de vino seco
- 1/8 cucharadita de pimienta
- 1 cucharadita de manteca o aceite vegetal
- 1 lasca de jamón (o tocino)
- 1 cucharadita de ajo en polvo

Cómo se preparan

1. Adobe el boliche dos o tres horas antes de comenzar a cocinarlo. Si lo prefiere, puede hacerlo el día anterior.

2. Méchelo con jamón (o tocino); dórelo en manteca, y cuando esté bien dorado, agréguele la cebolla, la hoja de laurel, el vino seco, la pimienta y el agua necesaria.

3. Tápelo y cocínelo (a fuego lento) hasta que se ablande y quede en su salsa.

4. Córtelo en rebanadas y sírvalo.

FILETE ALCAPARRADO

Ingredientes

- 2 lbs de filete
- 1 cucharada de sal
- 1 lasca de jamón
- 1/2 cucharadita de pimienta
- 1 zanahoria
- 1 cebolla
- 2 cucharadas de mantequilla
- 4 cucharadas de harina
- 1 limón
- 1 cucharada de alcaparras
- 1/2 taza de vino seco

Cómo se preparan

1. Lave bien el filete y quítele la grasa. Méchelo con lascas de jamón y zanahorias.

2. Sazone con sal y pimienta y páselo por mantequilla (bien caliente).

3. Una vez que la carne esté dorada, échele el zumo de limón y la siguiente salsa:

Salsa especial

4. Sofría en mantequilla un pedazo de cebolla bien picada, incorpórela poco a poco a la harina, y cuando esté ligada, añádale una taza de caldo y el vino seco.

5. Cocine a fuego lento, moviéndolo continuamente. Agréguele las alcaparras y vierta sobre la carne; cocine por 10 minutos.

FILETE FLAMBEADO (CON HIGADOS DE POLLO)

Ingredientes

- 2 lbs de filete
- 1/4 lb de jamón
- 1/8 lb de mantequilla
- 1/2 lb de zanahorias
- 2 ajíes grandes
- 2 tazas de macarrones
- 1/2 taza de vino blanco
- 1/4 taza de vino de Jerez
- 4 cucharadas de salsa española
- 2 cucharadas de caldo básico (vea receta)
- 1 cucharadita de sal

- 1/4 cucharadita de pimienta
- 6 hígados de pollo

Cómo se preparan

1. Elimine las partes de grasa del filete y méchelo con el jamón. Colóquelo en un recipiente, con las 3/4 partes del paquete de mantequilla y las zanahorias (en rodajitas), y los pimientos o ajíes. Hornée (a 300 grados F) por 15 minutos.

2. Aparte: cocine los macarrones (con agua o caldo). Escúrralos y páselos por el resto de la mantequilla (bien caliente).

3. Aparte: prepare partes iguales del vino blanco y el vino de Jerez.

4. Ponga al fuego a calentar. Una vez que esté bien caliente, y con mucho cuidado, encienda el vino con un cerillo. Añádale inmediatamente la salsa española y 2 cucharadas de caldo. Sazone con sal y pimienta (al gusto). Cuele.

5. Adorne el filete con hígados de pollo (cocinados), coloque los macarrones alrededor, y viértales por encima la salsa caliente.

CARNE A LA JARDINERA

Ingredientes

- 1 1/2 lb de carne de cerdo
- Manteca
- Limón
- Ramitas de orégano
- 4 dientes de ajo
- 1 cebolla (grande)
- 1 ají
- 3 cucharadas de puré de tomate
- 1 ramita de perejil
- 1 zanahoria en rueditas
- 1 tallo de apio cortado fino
- 1/4 taza de petit pois
- 1 taza de vino
- 1 taza de agua
- Ruedas de remolacha

Cómo se preparan

1. Corte la carne de cerdo en trozos y fríalos en una cazuela con manteca.

2. Cuando esté dorada, agréguele un poco de zumo de limón, unas ramitas de orégano, ajo, cebolla (picadita), ají, puré de tomate, perejil, zanahoria, apio, remolacha y petit pois, las tazas de vino y agua.

3. Deje cocinar bien (a fuego medio) y sírvala con alguna cantidad de salsa.

PIERNA ASADA

Ingredientes
- 1 pierna de puerco (de 12 libras aproximadamente)
- 12 dientes de ajo
- 3 cucharaditas de orégano en polvo
- 3 naranjas agrias
- Sal y pimienta (a gusto)

Cómo se preparan

1. Lave la pierna y escúrrala bien; pínchela por distintas partes y agréguele sal (para que penetre en la carne).

2. Machaque los ajos, el orégano y la pimienta. Con este adobo, frote bien la pierna. Además, rocíela con la naranja agria. Permita que la pierna permanezca en su adobo por 8 ó 10 horas.

3. Colóquela en un recipiente y cúbrala totalmente con papel de aluminio.

4. Hornéela (a 250 grados F) durante unas 7 horas... o hasta que esté bien cocinada. Una hora antes de sacarla del horno, quítele el papel de aluminio (para que se dore completamente).

MUY IMPORTANTE: Para evitar que se queme la piel, unte el recipiente con manteca antes de meterlo en el horno.

COSTILLAS DE CERDO A LA PARRILLA

Ingredientes
- 3 lbs de costillas de cerdo
- 1 cebolla
- 1/8 lb de mantequilla
- 3 naranjas agrias
- 1 cucharada de sal
- 1/2 cucharadita de pimienta
- 3 cucharadas de vino seco

Cómo se preparan

1. Limpie las costillas y saltéelas en mantequilla. Seguidamente, póngalas a la parrilla.

2. Cuando estén completamente blandas, páselas por un mojo preparado con el jugo de naranja agria, la sal y pimienta, el jugo de cebolla y el vino seco.

3. Póngalas nuevamente a la parrilla y, constantemente, úntele el mojo ante-

rior (con una brocha). MUY IMPORTANTE: Cocine bien, ya que la carne de cerdo puede quedar dura si no está cocinada debidamente.

MUY IMPORTANTE: Escoja entre las costillas de cerdo que no tengan demasiada grasa. Para que éstas absorban mejor el adobo y queden con muy buen sabor, puede practicarles incisiones (a todo lo largo) con la punta de un cuchillo. También es importante la graduación del calor: deben cocinarse lentamente y hasta el hueso, sin que queden quemadas, pero tampoco crudas. Y recuerde: la naranja agria les da un toque de sabor muy exquisito, sin la acidez que es característica del limón. No la sustituya por éste.

PATICAS DE PUERCO CON GARBANZOS

Ingredientes
- 4 patas de puerco
- 1/2 lb de jamón
- 1/2 taza de aceite de oliva
- 1/2 lb de tocino
- 2 chorizos (chicos)
- 4 dientes de ajo
- 2 cebollas
- 1 ají grande
- 1 1/2 cucharadita de sal
- 1 lata de puré de tomates
- 1 cucharadita de azafrán (o bijol)
- 3/4 tazas de pasas
- 1 lb de papas
- 3/4 taza de aceitunas
- 1/4 taza de pasas

Cómo se preparan

1. La noche anterior: limpie bien las patas y córtelas en cuatro. Seguidamente, hiérvalas (para que se ablanden).

2. También la noche anterior: ponga los garbanzos en remojo (con suficiente agua para que queden bien cubiertos).

3. Al día siguiente, elimine el agua de los garbanzos y enjuáguelos. Luego, agréguelos a las patas (junto con el tocino, jamón y chorizos) y póngalo a hervir.

4. Permita que todo hierva (a fuego lento) hasta que los garbanzos estén blandos. Si se le gastase el agua, puede añadirle más... ¡pero siempre debe ser agua caliente!

5. Aparte, prepare un sofrito con aceite (bastante caliente), ajos, cebollas, tomates y ají.

6. Una vez que los garbanzos estén blandos, agrégueles el sofrito, las papas (cortadas en trocitos), el azafrán desleído, aceitunas, pasas y sal. Permita que todo hierva, hasta que las papas se ablanden.

7. Deje cocinar (a fuego lento) por una hora más... ¡Sírvalas!

PATAS A LA CRIOLLA

Ingredientes

- 3 patas
- 1 lb de panza
- 3/4 taza de sofrito (ver receta)
- 1 cucharada de sal
- 2 cucharadas de alcaparras
- 2 lbs de papas
- 1 chorizo

Cómo se preparan

1. Cocine las patas con la panza en 6 litros de agua (las patas y la panza deben estar picadas, en porciones bien pequeñas).

2. Cuando todo esté a medio cocinar, añádale el sofrito hecho con el chorizo y las alcaparras.

3. Agrégueles las papas y permita que se cocine a fuego lento (hasta que todo esté muy blando).

4. Al momento de servirlo: espese la salsa con las papas majadas.

CARNE DE CERDO FRITA

Ingredientes

- 1 lb de carne de cerdo
- 1/4 taza de manteca
- 1 cucharadita de sal
- 2 dientes de ajo

Cómo se preparan

1. Limpie la carne; sazónela con sal y ajo machacado.

2. Coloque la grasa en la sartén (a 300 grados F), y cuando esté caliente, añádale la carne. Fría hasta que quede doradita por todos lados.

FRICANDAU

Ingredientes

- 1 1/2 lbs de carne de cerdo
- 1 1/2 lbs de palomilla
- 1 chorizo
- 1 cebolla
- 4 huevos
- 5 rebanadas de pan
- 1 taza de leche
- Sal, pimienta
- 1 cucharada de perejil (picadito)
- Galleta molida (para el exterior)
- 1 lb de manteca

Cómo se preparan

1. Pase toda la carne por la cuchilla más fina de su procesadora de alimentos. Agregue 1 huevo, la miga de pan (mojada en leche), el jugo de la cebolla, y el chorizo (picadito).

2. Sazone con sal y pimienta. Forme bolas (ligeramente aplastadas) y envuélvalas en galleta y huevo.

3. Fríalas en manteca (no muy caliente).

LECHON ASADO

Ingredientes

- 1 pierna (de 2 libras, aproximadamente)
- 8 dientes de ajo
- 1/4 cucharadita de orégano molido
- 1 naranja agria
- 5 cucharadas de manteca
- Sal (a gusto)

Cómo se preparan

1. Adobe la pierna de cerdo con sal, ajos machacados y orégano bien molido. Rocíela con el jugo de la naranja agria y téngalo en adobo por 2 ó 3 horas.

2. En una cacerola, caliente manteca. Una vez que haya alcanzado una temperatura alta, agregue la carne... voltéela con frecuencia para que se dore en forma uniforme, por todas partes.

3. Añádale una pequeña cantidad de agua. Permita que se ablande, hasta que se forme una salsa.

PIERNA DE CERDO A LA CAZUELA

Ingredientes

- 1 pernil (de 6 libras, aproximadamente)
- 1 cebolla (taladrada con un clavo de olor)
- 1/2 lb de jamón
- 1 cucharadita de pimienta
- 20 aceitunas sin semillas
- 1 cucharadita de orégano
- 2 cabezas de ajo
- 1 cucharada de sal
- 2 limones
- 1 taza de manteca
- 1 hoja de laurel
- 1/2 botella de vino dulce
- 1/2 botella de vino seco

Cómo se preparan

1. Limpie el pernil, perfórelo y sazónelo dentro de cada hoyito con un mojo. MUY IMPORTANTE: Prepare este mojo especial con ajo (machacado con pimienta), jugo de cebolla, jugo de limón y orégano.

2. Coloque la cuarta parte de un diente de ajo, una lasca de jamón y unas aceitunas (sin semillas).

3. Rehóguelo en manteca bien caliente. Sazone con sal y añádale 1 cabeza de ajo, 1 cebolla, el vino dulce y el seco. Cocine (a fuego lento) por 2 horas.

4 Dórelo nuevamente en la manteca que queda.

MONTERIA A LA CUBANA

Ingredientes

Los restos del lechón (cerdo) de la noche anterior

- 1 lb de masa de cerdo
- 4 patas de cerdo
- 1/2 taza de aceite
- 1 taza de vino seco
- Aceitunas
- 1/4 cucharadita de orégano
- 1 1/4 cucharadita de sal
- 1/4 cucharadita de comino
- 3 cebollas
- 3 dientes de ajo

- Salsa de tomate
- 1 ají

Cómo se preparan

1. Prepare un sofrito (con aceite, cebolla, ajo y ají molidos, y puré de tomate).

2. Agregue los demás ingredientes.

3 Deje cocinar (a fuego lento) hasta que compruebe que la carne esté bien blanda.

Sugerencia útil: Le sugiero que también utilice la cabeza del lechón, cortada en varios pedazos, así como su piel (los llamados "pellejos"). Puede agregar, si es de su gusto, una taza de alcaparras. Cocine todo (a fuego lento) hasta que "los pellejos" se ablanden.

TERNERA FRIA

Ingredientes
- 2 lbs de ternera
- Sal
- Manteca
- 1 taza de vino blanco

Cómo se preparan

1. Espolvorée la carne con sal y cocínela en la manteca, agregándole un vino blanco de buena calidad.

2. Una vez cocida, permita que se enfríe.

3. Sírvala en lonjas, acompañada de una ensalada con mayonesa.

Sugerencia útil: Para preparar la ensalada acompañante le sugerimos que utilice espárragos cocidos y rodajas de papas hervidas, todo frío y con mayonesa.

ROPA VIEJA CUBANA

Ingredientes
- 2 lbs de falda (cocinada de antemano en el guiso o sopa)
- 1/3 taza de aceite
- 1 cebolla
- 2 dientes de ajo ·
- 1 ají (grande)
- 1 lata de salsa de tomate
- 1 cucharadita de sal

- 1 hoja de laurel
- 1/2 taza de vino seco
- 1 lata (o pomo) de pimientos morrones

Cómo se preparan

1. Corte la cebolla en rueditas finas; el ají en tiritas. En un mortero, machaque los dientes de ajo y sofríalos en el aceite caliente con la cebolla. Añada después el ají y sofríalos por unos minutos.

2. Añada los demás ingredientes y cocine (con el recipiente cubierto, a fuego lento) durante 15 ó 20 minutos. Revuelva con frecuencia (para que no se pegue).

3. Los pimientos morrones pueden añadirse picaditos, molidos o usarse para adornar.

4. Sirva la ropa vieja con arroz blanco y una ensalada fresca.

TERNERA CON LEGUMBRES

Ingredientes

- 2 lbs de ternera
- 6 berenjenas
- 5 tomates
- Harina de Castilla
- Caldo de res (debe ser preparado previamente)
- Sal y pimienta (a gusto)
- Vinagre

Cómo se preparan

1. Corte la ternera en lascas finas, saltéela, espolvoréela con harina, y rocíela con vinagre.

2. Agréguele el caldo y cocínela lentamente.

3. Aparte: saltée en aceite 6 berenjenas (en rodajas).

4. Prepare los 5 tomates en porciones, y aderécelos con sal, pimienta y vinagre.

5. Sirva alternando una capa de berenjenas, una de carne y luego una de tomates.

BISTEC RELLENO A LA SAGUA LA GRANDE

Ingredientes

- 1 1/2 lbs de palomilla
- 3 dientes de ajo
- 1 naranja agria

- 1/2 lb de jamón dulce
- 3/4 taza de alcaparras
- 1/2 taza de aceite
- 1 cebolla
- 1 ají (grande)
- 1 lata de salsa de tomate
- 1/2 taza de vino seco
- 1 cucharadita de sal
- 1/4 cucharadita de pimienta
- 1 hoja de laurel

Cómo se preparan

1. Corte la carne en bistecs delgaditos, macháquela con el mazo de madera y adóbela con el ajo machacado y el jugo de la naranja agria. Deje la carne en este adobo durante una hora, aproximadamente.

2. Extienda cada bistec y coloque sobre él 1 lasca de jamón y 2 cucharadas de alcaparras. Enróllelos (como si fuera un brazo gitano) y amárrelos con hilo fino.

3. Caliente el aceite y dore en él los rollos de carne. Agregue la cebolla y el ají (picaditos), y cuando esté sofrito, añada el puré de tomates, vino seco, sal, pimienta y laurel.

4. Deje que todo se cocine (a fuego lento) hasta que la carne esté blanda, aproximadamente por unos 30 minutos.

CARNE CON PAPAS (RECETA CLASICA)

Ingredientes

- 2 lbs de carne de res
- 1/2 taza de aceite
- 1 cucharada de sal
- 1 cucharada de pimentón
- 1/2 cucharadita de pimienta
- 1 hoja de laurel
- 1 cebolla
- 3 dientes de ajo
- 1 ají
- 1 lata de salsa de tomate
- 1 taza de vino seco
- 1 taza de agua
- 2 lbs de papas
- 1 taza de alcaparras

Cómo se preparan

1. Corte la carne en cuadraditos y sofríala en el aceite caliente. Cuando esté ligeramente dorada, añada la sal, pimentón, pimienta, laurel, la cebolla (picadita), los ajos machacados y el ají (picadito).

2. Cuando la carne se dore, añada la salsa de tomate, el vino seco y el agua.

3. Déjelo al fuego hasta que la carne esté casi cocinada. Entonces, agregue las papas (cortadas en cuadraditos) y las alcaparras.

4. Continúe cocinando hasta que las papas estén blandas y la carne completamente hecha. Si fuera necesario, añada un poco más de agua y vino seco para terminar la cocción.

BISTEC DE HIGADO

Ingredientes
- 1 lb de hígado
- 1 cebolla
- 1 ají (grande)
- 2 cucharadas de manteca
- 1 cucharadita de sal

Cómo se preparan

1. Limpie el hígado y lávelo. Coloque la sartén al fuego (con un poco de grasa) y cocine el hígado por 3 minutos (por cada lado).

2. Quítelos del fuego u sazone con sal, por ambos lados.

3. Ahora dore en la sartén (con la misma manteca), la cebolla y el ají (picado en ruedas finas).

4. Añádale el vino seco... ¡ y sirva!

HIGADO A LA ITALIANA

Ingredientes
- 1 lb de hígado
- 1 cebolla
- 1 ají de ensalada (grande)
- 1/3 de taza de vinagre
- 1 cucharada de harina
- 1/2 taza de vino seco
- 1 diente de ajo
- 1/2 cucharadita de sal
- 1/4 cucharadita de pimienta

- 1 hoja de laurel
- 2 cucharadas de aceite

Cómo se preparan

1. Limpie bien el hígado y córtelo en trocitos no muy grandes. Cúbralo con la cebolla (cortada en ruedas), el ají (en tiritas) y la hoja de laurel.

2. Aparte: Mezcle el vinagre, el vino seco, sal, ajo, pimienta y harina. Viértalo todo sobre el hígado.

3. Tape el recipiente y guárdelo en el refrigerador (por lo menos durante una hora, para que el hígado se impregne bien del adobo).

4. Casi al momento de servirlo, caliente en la sartén el aceite y añada el hígado y todos los demás ingredientes.

5. Cocine a fuego medio, revolviéndolo constantemente (para que se cocine por todos lados) durante unos 10 minutos solamente. MUY IMPORTANTE: Si el hígado se cocina demasiado, se endurece y pierde su consistencia característica.

Sugerencia útil: Si prefiere que el hígado no quede muy cocido, le sugiero que separe los pedazos de éste y cocine primeramente (por unos minutos) el resto de los ingredientes. Añada después el hígado; cocínelo a fuego lento.

SESOS A LA CREMA

Ingredientes
- 1 cabeza de seso
- 1 cucharada de sal
- 1/4 cucharadita de pimienta
- 5 huevos duros
- 3 cucharadas de mantequilla
- 1 taza de caldo básico (vea receta)
- 1 taza de leche
- 1 cucharada de jugo de limón
- 2 cucharadas de queso amarillo rallado
- 1/4 cucharada de nuez moscada
- 1 lata de champiñones
- 4 cucharadas de harina

Cómo se preparan

1. Limpie la cabeza de sesos, pasándolos por agua. Quítele la piel que lo envuelve.

2. Una la harina con la mantequilla; añádale el caldo básico y la leche.

Cocine hasta que alcance el espesor de la crema. Sazone con sal, pimienta, nuez moscada y limón.

3. Corte los sesos en cuadraditos y agréguelos a la crema. Vierta en un recipiente apropiado, y añádale los champiñones (en pedacitos).

4. Cubra con queso rallado y métalo al horno (a 350 grados F) por unos 15 minutos.

LENGUA ASADA CON CHAMPIÑONES

Ingredientes
- 1 lengua de res
- 1/8 de libra de mantequilla
- 1 cucharada de sal
- 1/2 cucharadita de pimienta
- 1 cebolla
- 3 dientes de ajo
- 1/4 lb de tocino
- 1 hoja de laurel
- 8 tomates (pelados)
- 1 taza de vino seco
- 1 latita de champiñones

Cómo se preparan

1. Cocine la lengua en agua, y elimine toda la piel. Dórela en mantequilla (bien caliente). Sazónela con sal y agréguele agua (hasta cubrirla).

2. Una vez que esté blanda, siga cocinando a fuego lento. Añádale entonces el tocino, 1 hoja de laurel, los tomates (picados, bien chiquitos), la cebolla y el vino.

3. Cocine por unos 30 minutos. Agréguele ahora los champiñones (bien picaditos).

LENGUA A LA ZARAGOZANA

Ingredientes
- 3 a 3 1/2 lbs de lengua
- 1/2 taza de aceite
- 1/2 taza de vinagre
- 1 cabeza de ajo
- 1 cebolla
- 1/2 lb de papas
- 2 tomates
- Azafrán

- 2 tazas de vino
- 1 cucharada de sal
- 1 cucharadita de pimienta
- 1 ají verde

Cómo se preparan

1. Limpie la lengua pasándola por agua hirviendo; quítele la piel y colóquela en una cacerola con sal, aceite, vinagre, ajo, cebolla y los tomates.

2. Sazone con pimienta y azafrán, y cuando esté a media cocción agréguele las papas. Siga cocinando hasta que quede en un poco de salsa; después añádale 1/2 taza de vino y el ají verde.

3. Cocine (a fuego lento) por 30 minutos. Después, sáquela de la cazuela y píquela en ruedas (aplástela hasta que suelte su jugo).

4. Coloque de nuevo la lengua en la salsa. MUY IMPORTANTE: Con este procedimiento se logra que todos los jugos permanezcan en el interior de la lengua.

LENGUA SANTIAGUERA

Ingredientes

- 1 lengua (de 3 a 3 1/2 libras, aproximadamente)
- 1 cebolla
- 1 cucharada de sal
- 1 cucharadita de pimienta
- 2 cucharadas de harina de trigo
- 2 dientes de ajo
- 1 vaso de vino seco
- 1/2 taza de manteca

Cómo se preparan

1. Cocine la lengua con una cebolla y sal. Una vez que esté blanda, quítele la piel.

2. Córtela en rueditas y rehóguela en manteca (bien caliente. Agréguele las ruedas de cebolla y el vino seco... y cocine (a fuego lento).

3. En el momento de servirla: cuaje la salsa con harina (o maicena). Colóquela en la fuente de servir y báñela con la salsa.

RABO GUISADO

Ingredientes

- 1 rabo

- 10 tomates
- 1 ají
- 1 cebolla
- 3/4 cucharada de sal
- 1/2 cucharadita de pimienta
- 1 lb de papas
- 2 cucharadas de pasas
- 20 almendras
- 1 cucharada de alcaparras
- 1 chorizo
- ajos

Cómo se preparan

1. Corte el rabo en porciones y salcóchelas con los tomates, el ají, la cebolla, los ajos (machacados con la pimienta), y 4 vasos de agua.

2. Añádale las alcaparras y las almendras (tostadas y picadas). Sazone con sal y pimienta (al gusto). Cocine a fuego lento.

3. Cuando esté medio cocinado, añádale las papas y el chorizo. MUY IMPORTANTE: Si desea espesar la salsa, aplaste algunas papas y agréguelas a la salsa. También puede emplear harina.

Sugerencia útil. Al comprar el rabo de res pida que le eliminen el exceso de grasa y que lo corten por las coyunturas en pedazos de 2 ó 3 pulgadas. Si desea introducir una deliciosa variante, dore primero el rabo en 1/2 taza de aceite; después sofríalo con cebolla, ajo, ají y perejil. Añada salsa de tomate, vinagre, vino seco, vino tinto, alcaparras, sal, pimienta, orégano y comino. Cocine a fuego lento.

RIÑONES ENVINADOS

Ingredientes
- 2 riñones
- 3 limones
- 1 cucharada de sal
- 1/2 cucharadita de pimienta
- 1/4 cucharadita de nuez moscada
- 1 latica de champiñones
- 1/8 lb de mantequilla
- 2 cucharadas de harina de trigo
- 1 taza de vino de Jerez del bueno
- 2 tazas de caldo básico (vea receta)

Cómo se preparan

1. Hierva los riñones y elimine la membrana que los cubre.

2. Agrégueles bastante limón (para que pierdan el sabor característico que tienen), píquelos en cuadraditos y sazónelos con sal, pimienta y nuez moscada. Agregue ahora los champiñones (bien picaditos).

3. Aparte: caliente bien la mantequilla y agréguele (poco a poco) la harina de trigo.

4. Cuando esto esté bien unido, agréguele el vino y el caldo. Incorpore a los riñones y cocine (a fuego lento) por 20 minutos.

SALPICON

Ingredientes

La carne sobrante del día anterior
- Aceite
- Vinagre
- Tomates
- Ajíes
- Sal y pimienta (a gusto)
- Huevos duros
- Lechuga

Cómo se preparan

1. Emplée para este plato la carne del día anterior (ya sea jamón, falda o asado al horno).

2. Córtela en porciones y agréguele vinagre, aceite, tomates (crudos) y ajíes cortados. Sazone con sal y un poquito de pimienta.

3. También se le pueden agregar huevos duros (con la clara picada). Diluya las yemas en vinagre (utilice un tenedor para este proceso).

4. Antes de servir, mezcle todo bien.

5. Adorne las orillas y el centro de la fuente con hojas de lechuga (puede cortarlas en tiritas).

PICADILLO A LA CUBANA

Ingredientes

- 1 lb de picadillo (carne molida de res)
- 1 cebolla grande
- 3 dientes de ajo
- 1 ají (grande)
- 1 cucharadita de sal

- 1/2 taza de puré de tomate
- 1/8 cucharadita de pimienta
- 1/4 taza de vino seco
- Alcaparras (a gusto)
- 4 cucharadas de manteca (o aceite)

Cómo se preparan

1. Con el aceite caliente, sofría en una sartén los ajos (bien machacados), la cebolla (bien picadita) y el ají.

2. Agregue, seguidamente, la salsa de tomate, el picadillo, las alcaparras y el vino seco.

3. Revuelva bien y deje cocinar (a fuego medio) por 20 minutos. MUY IMPORTANTE: Revuelva constantemente para evitar que se pegue.

MEAT LOAF (O PULPETA)

Ingredientes:
- 1 1/2 libras de carne molida
- 1 sobre de sopa de cebolla
- 1/2 taza de leche, preferiblemente evaporada (para suavizar la carne)
- Catsup
- Papel de aluminio

Cómo se preparan

1. Una bien todos los ingredientes (incluyendo la leche evaporada) y forme con ellos un rollo que debe colocar sobre un recipiente refractario.

2. Agregue catsup en la parte superior, y hornée (a unos 350 grados F) por espacio de 3/4 de hora ó 1 hora.

3. Tape el recipiente (para que no se seque). También puede cubrirlo con papel de aluminio.

SALPICON CALIENTE

Ingredientes

La carne sobrante del día anterior
- Manteca
- Cebollas (pequeñas)
- Harina de Castilla
- Nuez moscada
- Sal y pimienta (a gusto)

- Vino blanco
- 1 huevo
- Zumo de limón

Cómo se preparan

1. Coloque la carne (en trozos pequeños) en manteca; incluya las cebollas pequeñas (3 ó 4).

2. Antes de que la manteca se ponga muy caliente, añada 1/2 cucharada de harina. Revuelve con sal, pimienta, nuez moscada y vino blanco.

3. Cocine (a fuego lento). Poco antes de servir, agregue una yema de huevo disuelta en zumo de limón.

ALBONDIGAS

Ingredientes

- 1 1/2 lbs de carne de res (previamente molida)
- 2 cucharadas de cebolla (molida)
- 2 cucharadas de ajíes (molidos)
- 2 huevos
- 1/4 de taza de leche
- 1 taza de galleta molida
- 1 cucharadita de mostaza
- 1 cucharadita de sal
- 1 cucharadita de pimienta

Cómo se preparan

1. Una todos los ingredientes y déle forma de albóndigas.

2. Envuélvalas en harina y sofríalas en aceite caliente (hasta que estén doraditas).

3. Saque las albóndigas del aceite y prepare una salsa apropiada (vea nuestro capítulo SALSAS).

MOILLETES

Ingredientes

- 1 lb de picadillo de carne cruda (vea receta)
- 6 panes franceses
- 3 huevos
- 1 taza de caldo
- 1 taza de manteca
- 1 taza de galleta molida

Cómo se preparan

1. Parta el pan a la mitad, quite un poco de la miga y remójelo con un poco de caldo, rellenándolo seguidamente con picadillo.

2. Envuélvalos en huevo y galleta y fríalos (en manteca bien caliente). Si lo desea, puede comerlos con caldo o salsa de tomate.

PULPETA SANTIAGUERA

Ingredientes

- 1/2 lb de carne de res
- 1/2 lb de carne de cerdo
- 1 latica de jamón del diablo
- 1 cucharadita de sal
- 1/4 cucharadita de pimienta
- 1 cebolla (molida)
- 2 huevos
- 3/4 taza de galleta molida (aproximadamente)
- 2 huevos duros

Además:

- 1 1/4 taza de galleta molida
- 3 huevos
- 1/2 taza de aceite
- 1 diente de ajo
- 1 cebolla
- 1 hoja de laurel
- 1/2 cucharadita de orégano
- 1 taza de vino seco

Cómo se preparan

1. Muela la carne de res y la carne de cerdo. Unalas bien con el jamón del diablo. Añada la cebolla (molida), sal, pimienta (si lo prefiere, también puede agregar 1 cucharada de mostaza).

2. Agregue los huevos batidos y la galleta molida (hasta que tenga consistencia). Incorpore los huevos duros en el centro y déle forma de cilindro.

3. Envuélvala dos o tres veces en huevo batido y galleta molida (alternadamente). Caliente el aceite, dore en él 1 diente de ajo. Después ponga la pulpeta y voltéela varias veces (para que se dore por todos lados).

4. Añada la cebolla (cortada en ruedas), la hoja de laurel, el orégano y el vino seco. Cocínelo (a fuego lento) durante unos 40 minutos. Puede servirla fría o caliente.

FRITAS

Ingredientes

- 1 lb de carne (molida)
- 1/4 taza de leche
- 1/2 taza de migas de pan
- 1 cucharada de cebolla (molida)
- 1 huevo
- 1 cucharada de catsup
- 2 cucharaditas de sal
- 1/2 cucharadita de pimentón
- 1/2 cucharadita de salsa inglesa
- 1/4 cucharadita de pimienta

Cómo se preparan

1. La carne que se emplea para las fritas puede ser de res o de res y cerdo (en la proporción de 3/4 lb de res y 1/4 lb de cerdo).

2. A la carne molida añádale las migas de pan mojadas en la leche, el huevo batido y los demás ingredientes. Unalo todo bien y déle forma de pequeñas bolitas (aproximadamente 15).

3. Déjelas reposar en el refrigerador durante 2 horas (para que todos los ingredientes se impregnen bien en la carne).

4. Fríalas en una plancha o sartén caliente (con poca grasa).

5. Sírvalas en panecitos especiales (redondos) con papas fritas a la Juliana, mostaza y catsup.

Sugerencia útil: Si no desea freír todas las fritas a la vez, puede conservar las restantes en el refrigerador, envueltas en papel encerado. Descongélelas antes de freírlas.

PAPAS CON CHORIZOS

Ingredientes

- 2 lbs de papas
- 1 chorizo
- Granos de pimienta (de acuerdo a su gusto)
- 1 cucharadita de sal
- 1 cucharada de manteca
- 2 tazas de agua
- Aceite de oliva

Cómo se preparan

1. Pele las papas y colóquelas en un recipiente con agua (a fuego lento). Agregue los chorizos, los granos de pimienta, la sal y la manteca.

2. Una vez que el agua comience a hervir, tape bien el recipiente y siga cocinando a fuego lento... hasta que las papas estén blandas.

3. Sirva caliente. Podemos rociar las papas con aceite de oliva, si así lo prefiere.

CORDERO A LA MINUTA

Ingredientes
- 1 costillar de cordero
- 4 cucharadas de aceite
- 2 cucharadas de manteca
- 1 hoja de laurel
- Sal y pimienta
- 1 cebolla
- 1/2 cucharada de perejil
- 1/2 cucharón de caldo
- Papas

Cómo se preparan

1. Corte en secciones el costillar de cordero.

2. Aparte, en una sartén: eche las cuatro cucharadas de aceite y las dos de manteca. Una vez caliente, ponga el cordero, revuelva y agréguele la hoja de laurel, sal y pimienta (a gusto).

3. Cuando estén bien doradas las secciones de cordero, écheles una cebolla (bien picadita) y media cucharada de perejil.

4. Al dorarse la cebolla, añádale medio cucharón de caldo y permita que la salsa se espese.

5. Sírvalo con papas fritas.

TASAJO EN PENCA

Ingredientes
- 1 lb de tasajo
- 1/2 lb de manteca
- 3 dientes de ajo
- 1 cucharadita de sal
- 1/2 cucharadita de pimienta
- 1 hoja de laurel

160

- 1 cebolla
- Sal y pimienta (a gusto)

Cómo se preparan

1. Salcoche el tasajo, y cuando esté blando, sáquelo del fuego y quítele la piel.

2. Con un mazo, macháquelo un poco y sazónelo con sal y pimienta (de acuerdo a su gusto).

3. Fríalo en manteca (bien caliente), a la cual previamente debe haber agregado 2 ajos, 1 hoja de laurel y 1 cebolla.

APORREADO DE TASAJO

Ingredientes

- 1 1/2 lbs de tasajo
- 1 lata de salsa de tomate
- 1/2 taza de vino seco
- 1 ají (grande)
- 1 cebolla
- 1/8 cucharadita de orégano
- 1 cucharadita de vinagre
- 2 dientes de ajo
- 1/2 taza de caldo
- 1 hoja de laurel
- 1/2 taza de aceite
- 1/8 cucharadita de comino

Cómo se preparan

1. La noche anterior: remoje el tasajo.

2. Al día siguiente: elimine el agua y añádale otra. Póngalo a cocinar (a fuego medio), hasta que esté blando.

3. Macháquelo y conviértalo en hebras finas.

4. Prepare un sofrito (con manteca, cebollas, ajos machacados, puré de tomates y ají).

5. Cocine (a fuego lento) por media hora.

CONEJO ASADO

Ingredientes

- 1 conejo
- 1/8 lb de mantequilla

- 2 naranjas agrias
- 3/4 cucharadita de sal
- 1/2 cucharadita de pimienta
- 3 dientes de ajo

Cómo se preparan

1. Limpie el conejo, úntelo bien con mantequilla y hornée (colóquelo en la parrilla del horno, para que el calor lo afecte de una manera uniforme).

2. Déle vueltas… cada vez, agréguele el mojo que ya ha preparado con la naranja agria, el ajo machacado, sal y pimienta.

3. Hornée a una temperatura muy baja (350 grados F) hasta que el conejo esté completamente hecho.

CONEJO ESTOFADO

Ingredientes

- 1 conejo (de tamaño mediano o grande)
- 1 1/2 tazas de vino tinto
- 1/2 taza de aguardiente
- 1 1/2 cucharaditas de sal
- 1 taza de aceite de oliva
- 8 dientes de ajo
- 6 granos de pimienta
- 2 cebollas (grandes)
- Harina de Castilla
- Hojas de laurel

Cómo se preparan

1. Después de limpiar bien el conejo y cortarlo en trozos, sofría los ajos en aceite. Agregue entonces las porciones de conejo, hasta dorarlo.

2. Dore ahora las cebollas. Añádale el vino, el aguardiente, la pimienta y la sal.

3. Mantenga la cacerola tapada y cocine (a fuego lento) hasta que la carne esté blanda.

4. Espese la salsa con la harina de Castilla.

FRICASE DE CONEJO

Ingredientes

- 2 conejos
- 1 lb de papas

- 2 cucharadas de manteca
- 1 cucharada de sal
- 1/2 cucharadita de pimienta
- 1 taza de vino seco

Cómo se preparan

1. Limpie bien el conejo y cocínelo en el sofrito.

2. Una vez ablandado, sazónelo con sal y pimienta (al gusto). Agréguele el zumo de limón y las papas (cortadas en cuadraditos).

3. Cuando esté medio cocinado, agréguele las alcaparras y el petit pois (en su agua). Siga cocinando (a fuego muy lento), hasta que esté bien blando.

Sugerencia útil: Generalmente, la carne de conejo se compra, en los supermercados, congelada y ya cortada en trozos. No obstante, recuerde que un conejo entero es fácil de cortar. Primeramente quítele la cabeza con un cuchillo grande y afilado, pártala en dos y úsela si así lo desea para enriquecer el plato, guardando aparte los sesos. Corte los muslos, la sección de debajo del costillar (en cortes transversales), los cuartos traseros y delanteros, y las costillas.

CONEJO CON VEGETALES
Ingredientes
- 2 conejos
- 1 lb de papas
- 1 lb de habichuelas
- 1/2 lb de nabos
- 1/2 lb de zanahorias
- 1 taza de vino seco
- 1 cucharada de sal
- 1/2 cucharadita de pimienta
- 1 cucharadita de zumo de limón
- 3 cucharadas de manteca
- 1 cebolla
- 1 ají
- 1 lata de alcachofas
- 1 taza de agua
- 1 latica de champiñones

Cómo se preparan

1. Limpie los conejos y córtelos en cuartos; rehóguelos en manteca (bien caliente).

2. Una vez que estén doraditos, sazónelos con sal, pimienta y el zumo de limón.

3. Cuando todo esté ligeramente dorado, agréguele la cebolla y el ají (picado en ruedas finas). Incorpore ahora el vino, las habichuelas, las papas, el agua, las zanahorias y los nabos (bien picaditos).

4. Ablande bien. Después, eche los champiñones y las alcachofas. Cocine por 30 minutos.

12

CROQUETAS,
FRITURAS,
Y EMPANADAS...

CROQUETAS

Casi todas las croquetas se preparan con una base de salsa bechamel. Por lo tanto, a continuación ofrecemos una RECETA BASICA que puede servir para prepararlas con diferentes ingredientes.

CROQUETAS DE JAMON (RECETA BASICA)

Ingredientes

- 4 cucharaditas de mantequilla
- 1 cucharadita de cebolla
- 1 taza de leche
- 3/4 taza de harina
- 1/2 cucharadita de sal
- 1/8 cucharadita de pimienta
- 1 cucharadita de vino seco
- 2 tazas de jamón molido
- 2 huevos
- 1 taza de galleta molida

Cómo se preparan

1. Caliente la mantequilla y sofría en ella, ligeramente, la cebolla (bien picadita).

2. Añádale la leche mezclada con harina, sal y pimienta.

3. Cocine esta salsa (a fuego lento). Revuelva constantemente hasta que tenga el espesor de una crema doble.

4. Quítela del fuego. Agregue ahora el vino seco y el jamón. Integre bien todos los ingredientes.

5. Vierta la masa en una fuente y déjela refrescar antes de guardarla en el refrigerador. MUY IMPORTANTE: la masa de las croquetas debe estar fría antes de freírlas.

6. Tome pequeñas porciones de la masa y déles forma de croquetas. Envuélvalas dos veces en huevo batido y galleta molida (alternadamente). De nuevo, es importante que las deje permanecer un rato a la temperatura ambiente antes de freírlas.

7. Fríalas (a 375 grados F) hasta que estén doraditas.

CROQUETAS DE POLLO

Ingredientes

- 1 pechuga de pollo
- Manteca

- Sal
- Pimienta
- Pan rallado
- Salsa bechamel
- Huevos
- Nuez moscada

Cómo se preparan

1. Muela la pechuga del pollo y únala a la salsa bechamel (vea SALSAS).

2. Mantenga esta mezcla bastante rato al fuego bajo, revolviendo constan-temente hasta que la masa logre una consistencia espesa.

3. Añada la pimienta, la sal y la nuez moscada.

4. Permita que la masa se enfríe. Seguidamente, forme con ella las cro-quetas, y envuélvalas en el pan rallado, luego en huevo batido, y nuevamente en pan rallado.

5. Fría las croquetas en manteca (bien caliente) hasta que estén doraditas.

MUY IMPORTANTE: Cuando termine de moldear las croquetas, para que no se deshagan, déjelas permanecer un rato a la temperatura ambiente antes de freírlas.

CROQUETICAS DE ARROZ

Es una receta muy similar a la que se emplea para preparar las croquetas. A la receta básica, en vez de jamón use 2 tazas de arroz (ya cocinado).

CROQUETAS DE CARNE

En la receta básica, sustituya el ingrediente "jamón" por 2 tazas de "carne de res (o de cerdo)", cocinada y molida. Si así lo prefiere, añada a la crema 1/2 cucharadita adicional de sal.

CROQUETAS DE PESCADO

Ingredientes

- 1 lb de pescado (sin espinas)
- 2 cucharadas de mantequilla
- 3 cucharadas de harina de Castilla
- 1/2 litro de leche
- 2 huevos (yemas)
- 1 cebolla (picada)
- Zumo de limón verde
- Sal y pimienta

- Pan rallado
- Aceite
- Perejil

Cómo se preparan

1. Salcoche el pescado (sin espinas), derrita la mantequilla y agréguele la harina de Castilla, la leche y las dos yemas de huevo.

2. Corte el pescado y deshágalo con un tenedor.

3. Echele 1 cucharadita de cebolla picada, y perejil. Agregue, también 1 cucharadita de zumo de limón.

4. Coloque todo en una sartén (con sal y pimienta a gusto) y cocine la masa.

5. Luego, extiéndala en una fuente llana y permita que se enfríe.

6. Forme las croquetas, envuélvalas en pan rallado, páselas por huevo batido y, de nuevo, por pan rallado.

7. Fríalas en aceite (bien caliente).

CANGREJITOS DE JAMON

Cómo se preparan

1. Prepare, de acuerdo a la receta básica, una masa para pasteles. Extienda esta masa y córtela en triángulos de aproximadamente 4 pulgadas de base y 21 pulgadas de alto.

2. Coloque 1 cucharadita de jamón molido en el centro de cada triángulo. Enrolle la masa sobre el jamón, y doble las puntas (para darle forma de cangrejito). Barnícelos de nuevo.

3. Hornée en una bandeja (a 400 grados F) durante unos 20 minutos.

EMPANADAS

Ingredientes

- 3 tazas de harina (medida después de cernida)
- 2 huevos
- 1/4 taza de cocimiento de canela o ron
- 3 cucharadas de vino
- 1 cucharada de manteca
- 1 cucharada de mantequilla
- 1/2 cucharadita de sal
- 1 cucharada de azúcar
- 1/2 cucharadita de polvo de hornear
- 1/2 lb de manteca para freírla

Cómo se preparan

1. Cierna la harina y el polvo de hornear. Abra en ella un círculo y dentro coloque la manteca, la mantequilla, el azúcar, la sal, el vino, el cocimiento de canela frío (o ron), y los huevos batidos.

2. Amase todo. Cuando la pasta esté bien unida, permita que repose por una hora o más.

3. Pasado ese tiempo, estire la masa en pequeña porciones (para hacer con ellas las empanadas). Coloque dentro el picadillo o mermelada que se desee.

4. Doble y una los bordes con un tenedor. Fría en manteca bien caliente.

EMPANADAS CUBANAS

Ingredientes

- 3/4 lb de harina de Castilla
- 1 cucharada de manteca
- 1 cucharada de mantequilla
- 2 huevos
- 1 cucharadita de polvo de hornear
- 1 cucharada de vino seco
- 1/2 taza de agua endulzada
- 1/2 lb de masa de cerdo
- 1/2 lb de carne de res
- Sal (a gusto)

Cómo se preparan

1. Eche la harina sobre la mesa, y forme un hueco en el centro. En el mismo, eche alternadamente los huevos, la manteca, la mantequilla, el agua y el vino seco.

2. Amase durante bastante rato. Extienda con el rodillo, agregue el polvo de hornear y permita que la masa repose por dos horas (o más), en el refrigerador o en algún lugar fresco de la casa.

3. Pasado este tiempo, amase de nuevo, pudiendo agregar, si lo considerara necesario, un poco más de mantequilla.

4. Estire la masa y córtela en discos de 5 pulgadas (aproximadamente), colocando el relleno en el centro. Este relleno puede ser carne molida de ave, de res o de cerdo.

5. Cierre la masa para formar la empanada, y presione con el tenedor en el borde exterior, de manera que quede debidamente sellada.

6. Fríalas en una sartén con bastante manteca y a fuego vivo.

Sugerencia útil: En realidad, lo más importante de esta receta es la preparación de la masa. Los rellenos pueden ser muy variados... y las empanadas de guayaba, por ejemplo, son muy populares en toda el área del Caribe. Para prepararlas, sencillamente coloque una porción de dulce de guayaba (preferiblemente pasta de guayaba) en el centro de la empanada; selle y fría como lo hemos explicado en la receta anterior.

MUY IMPORTANTE: Es importante mencionar una vez más que la confección de la masa es lo más importante: ésta debe quedar con una consistencia adecuada, suave y elástica. Utilice harina y mantequilla de alta calidad.

FRITURAS DE PLATANITOS

Ingredientes

- 4 plátanos (Johnson o manzanos)
- 3/4 taza de harina
- 1 1/2 cucharaditas de polvo para hornear
- 1 cucharadita de azúcar
- 1/4 cucharadita de sal
- 1 huevo
- 1/2 taza de leche

Cómo se preparan

1. Corte los platanitos a lo largo; después en cuatro.
2. Cierna la harina con el polvo para hornear, el azúcar y la sal. Añada el huevo batido y la leche, uniéndolo todo de manera que quede una masa suave y uniforme.
3. Fría.

Sugerencia útil: Esta misma receta puede servirle para hacer frituras variadas, utilizando otras frutas frescas o en conservas (manzana, piña, melocotón, pera, etc.).

FRITURITAS DE BACALAO

Ingredientes

- 2 onzas de bacalao
- 1 lb de papas
- 5 huevos
- 1/2 cucharadita de sal
- 1/4 cucharadita de pimienta
- 1 cucharada de perejil
- 1/2 lb de manteca
- 16 cucharadas de manteca

Cómo se preparan

1. Salcoche las papas y redúzcalas a puré. Salcoche y desmenuce el bacalao. Unalo todo, y añada 2 huevos.

2. Sazone con sal, pimienta y perejil picado.

3. Envuelva en galleta y huevo y fría en manteca caliente (a 325 grados F).

FRITURITAS DE MAIZ TIERNO

Ingredientes

- 1 taza de maíz tierno molido
- 1 huevo batido
- 1/2 cucharadita de anís molido (o machacado)
- 5 cucharadas de azúcar blanca
- 1/2 cucharadita de sal
- Aceite

Cómo se preparan

1. Una todos los ingredientes. Tome la mezcla por cucharadas.

2. Fría las frituritas en aceite caliente (a 375 grados F, aproximadamente).

Sugerencia útil: Si usted prefiere que las frituras queden más suaves, o si considera que el maíz no es demasiado tierno, puede añadir a la mezcla una cucharada de leche.

FRITURITAS DE MALANGA Y ÑAME

Ingredientes

- 1 lb de malanga (o ñame)
- 1 huevo
- 1 diente de ajo
- 1 cucharada de perejil
- 1 cucharadita de sal
- 1 cucharadita de vinagre
- 1 lb de aceite

Cómo se preparan

1. Ralle la malanga y mézclela con los demás ingredientes, hasta que se forme una masa uniforme.

2. Tome la masa por cucharadas y vaya friéndola (varias a la vez) en aceite bien caliente.

Sugerencia útil: Para conservar las frituras calientes y menos grasosas, sírvalas en un bol de madera cubierto con papel absorbente.

FRITURAS DE PLATANOS VERDES

Ingredientes

- 2 tazas de plátanos verdes (cocidos y aplastados)
- 2 tazas de agua
- 2 cucharaditas de sal
- 1 taza de agua fría (para después de cocidos los plátanos)
- 2 huevos
- 1/2 cucharadita de cebolla (bien picadita)
- 1 cucharadita de polvo para hornear
- 1/8 cucharadita de pimienta
- Galleta (o pan) rallada

Cómo se preparan

1. Añada a los plátanos aplastados, los huevos (ligeramente batidos), la cebolla, sal y pimienta. Unalo todo con el tenedor.

2. Deje enfriar un poco esta masa, e incorpore el polvo para hornear (espolvoréelo por encima. Mezcle todo bien para formar una masa uniforme.

3. Con una cuchara, tome porciones de esta mezcla y échela en pan o galleta rallada. Cerciórese de que queden bien cubiertas.

4. Fríalas en manteca (bien caliente), hasta que se doren.

5. Sírvalas caliente… Son deliciosas con salsa de tomate.

FRITURAS DE YUCA

Ingredientes

- 1/2 lb de manteca
- 1 lb de yuca
- 2 huevos
- 1/4 cucharadita de sal
- 1/4 cucharadita de anís en polvo
- 1/4 taza de leche
- 2 cucharaditas de azúcar
- 1/4 cucharadita de polvo de hornear

Cómo se preparan

1. Salcoche la yuca y prepare con ella un puré (use la cuchilla más fina de la procesadora).

2. Añádale los huevos, la sal, el azúcar y el anís. Tome por cucharadas y fría en manteca caliente (a 325 grados F).

FRITURITAS DE YUCA Y QUESO

Ingredientes

- 1 taza de yuca (aplastada)
- 1 huevo
- 2 cucharadas de queso rallado
- 1 cucharada de harina
- 1/2 cucharadita de polvo para hornear
- Almíbar

Cómo se preparan

1. Cocine la yuca y aplástela mientras permanece caliente. Añada la yema de un huevo (sin batir), y mezcle todo con un tenedor. Permita que se enfríe un poco; agréguele el queso rallado cuando esté tibia.

2. Cierna la harina, el polvo para hornear y la sal; añada estos ingredientes a la mezcla de la yuca.

3. Incorpore la clara batida (a punto de nieve)... y comience a echar cucharaditas de esta masa en manteca (bien caliente). Mueva las frituritas para que queden doradas uniformemente.

4. Sírvalas calientes o frías, con almíbar.

FRITURITAS DE ARROZ

Ingredientes

- 1/2 taza de arroz
- 1 taza de agua
- 1/4 cucharadita de sal
- 1 cucharada de mantequilla
- 5 huevos
- 16 cucharadas de galleta molida
- 1 taza de leche
- 1 cucharada de azúcar
- 1/2 lb de manteca

Cómo se preparan

1. Cocine el arroz con el agua y una cucharadita de sal.

2. Una vez que el arroz se haya ablandado (el agua debe haberse consumido), bájelo del fuego. Añádale la leche, la mantequilla, la sal y el azúcar. Agregue 2 huevos y únalo todo. Ahora, déle forma de frituritas o pequeñas croquetitas.

3. Envuelva en huevo y galleta. Fría, en manteca bien caliente.

BOLLITOS DE CARITA

Ingredientes

- 1 taza de frijoles carita
- 1/4 taza de agua
- 5 dientes de ajo
- 3/4 cucharadita de sal
- 1/2 cucharadita de pimienta
- 1 lb de manteca

Cómo se preparan

1. El día anterior: remoje los frijoles, para que se ablanden bien.

2. Pélelos y páselos por la cuchilla más fina de la procesadora. Agregue 5 dientes de ajo.

3. Añádales el agua y sazónelos (con sal y pimienta). Bátalos por 1 hora.

4. Saque por cucharadas de esta masa y fríalas en manteca caliente (a 325 grados F).

TORTILLITAS DE MAIZ

Ingredientes

- 6 mazorcas de maíz
- 3 huevos
- Azúcar (a gusto)
- Sal y anís (a gusto)
- 1 cucharadita de polvo de hornear
- 1/2 cucharadita de bicarbonato

Cómo se preparan

1. Una bien todos los ingredientes (con una cuchara) y fríalos en manteca abundante (que no esté demasiado caliente).

YUCA FRITA

Ingredientes

- 1/2 lb de yuca
- 1 cucharada de sal
- 1 vaso de agua
- 1 cucharadita de zumo de limón
1/2 taza de manteca

Cómo se preparan

1. La yuca puede ser cruda o ya cocinada. Si es cocinada, salcóchela en agua para que se ablande. Si es cruda, córtela en pedacitos, añádale el limón y la sal, y cocine.

2. Después, ponga la manteca al fuego (a 325 grados F). Ya caliente, añada la yuca y dórela.

PALITOS DE QUESO

Ingredientes

- 1 taza de queso amarillo (rallado)
- 1 taza de harina fuerte (o de panadería), cernida
- 1 cucharadita de polvo de hornear
- 1/4 cucharadita de pimentón picante
- 1 huevo
- 2 cucharadas de leche

Cómo se preparan

1. Cierna (todo junto) la harina, la sal, el polvo de hornear y el pimentón. Agréguele el queso. Bata bien el huevo... y agrégueselo.

2. Añádale la leche y una todo muy bien, aunque sin amasarlo demasiado.

3. Extienda con el rodillo hasta que la pasta tenga 1/4 de pulgada de alto. Corte los palitos, bien finitos.

4. Hornée (a 350 grados F) por 10 ó 15 minutos más, hasta que estén dorados.

ROLLITOS DE DESAYUNO

Ingredientes

- 2 1/2 tazas de harina fuerte (o de panadería)
- 1/2 cucharadita de sal
- 2 cucharadas de azúcar
- 4 cucharaditas de polvo de hornear
- 2 cucharaditas de mantequilla
- 1 huevo
- 1/2 taza de leche
- 1/2 taza de nueces picadas

Cómo se preparan

1. Cierna la harina con la sal, el azúcar y el polvo de hornear.

2. Añádale la mantequilla y el huevo batido. Agréguele la harina y bata (hasta tener una pasta suave, pero que no se pegue a los dedos).

3. Vierta en una mesa con harina y haga pequeños cilindros.

4. Colóquelos en moldes engrasados y agrégueles las nueces picadas por encima. MUY IMPORTANTE: Presione las nueces para que encajen y no se caigan durante el proceso de hornearlos.

5. Hornée (a 350 grados F) por 25 minutos.

13

POSTRES CUBANOS ESCOGIDOS

CIRUELAS PASAS EN ALMIBAR

Ingredientes

- Ciruelas pasas
- Azúcar
- Canela en rama

Cómo se preparan

1. Lave las ciruelas y manténgalas en remojo por un buen rato.

2. Póngalas a salcochar en agua suficiente. Cuando estén blandas, déjelas en muy poco fuego (con agua suficiente para que no se quemen) y con el resto del agua prepare un almíbar clarificado.

3. En este almíbar eche las ciruelas pasas y canela en rama. Deje al fuego hasta que logren el punto que usted desea.

Sugerencia útil: Sírvalas frías, acompañadas de pan de ciruela o con queso crema. Es también un delicioso postre, para cualquier ocasión, acompañándolas con cualquier tipo de queso.

NARANJAS DE CARAMELO

Ingredientes

- 6 naranjas de china
- 3 tazas de azúcar
- 1 limón

Cómo se preparan

1. Pele las naranjas y pártalas en 4 partes. Elimine los hollejos.

2. Tome la parte blanca y remoje en agua (por 2 días). Cámbiele el agua dos o tres veces al día.

3. Pasado ese tiempo, cámbieles el agua y póngalas a cocinar en un almíbar. Prepare este almíbar con 3 tazas de agua y 3 tazas de azúcar.

4. Cocine hasta que las naranjas estén blandas y el almíbar tome punto de caramelo.

ARROZ CON LECHE

Ingredientes

- 1/2 taza de arroz
- 1 1/2 taza de agua
- 1 cáscara de limón
- 1 rama de canela

- 1 litro de leche
- 1 taza de azúcar blanca
- 1/4 cucharadita de sal
- 1 cucharadita de vainilla
- Canela en polvo

Cómo se preparan

1. Enjuague previamente el arroz y cocínelo en el agua, con el limón y la canela en rama (hasta que se ablande). Agréguele entonces la leche, la sal y el azúcar.

2. Déjelo cocinar (a fuego mediano) hasta que se espese (aproximadamente 1 hora). Revuélvalo con frecuencia para evitar que se pegue al fondo y se queme.

3. Viértalo en recipientes individuales y espolvorée con canela en polvo.

Sugerencia útil: También puede utilizar leche condensada o evaporada (diluidas) en sustitución de la leche de vaca que le mencionamos en esta receta. Inclusive, si así lo prefiere, puede mezclar diferentes tipos de leche y lograr sabores y texturas diferentes para el arroz con leche.

ARROZ CON LECHE DE MATANZAS

Ingredientes
- 1 litro de leche
- 1 1/2 taza de agua
- 1/2 taza de arroz
- 1 ramita de canela
- Pizca de sal
- 1 taza de azúcar
- 1 cucharadita de licor de anís
- Corteza de limón
- 4 cucharaditas de canela en polvo

Cómo se preparan

1. Lave el arroz y cocínelo con agua, junto con la ramita de canela y la corteza de limón. Permita que se ablande bien.

2. Agréguele el azúcar, la leche, la cucharadita de anís y la sal.

3. Cocine a fuego lento (durante una hora), y revuelva regularmente (para evitar que se pegue).

4. Sírvalo espolvoreado con canela.

NATILLA

Ingredientes

- 1 litro de leche
- 1 ramita de canela
- 1 pedazo de cáscara de limón
- 1/4 cucharadita de sal
- 8 yemas de huevo
- 1 1/2 taza de azúcar
- 4 cucharadas de maicena
- 1/4 taza de agua
- 1 cucharadita de vainilla

Cómo se preparan

1. En un recipiente, hierva la leche con la canela, la cáscara de limón, y sal (a gusto… una pizca es suficiente). Una vez que rompa a hervir, permita que se refresque. Aparte, bata las yemas con el azúcar y la maicena (disuelta en el agua).

2. Añádale la leche. Cuélelo todo y cocine (al baño de María o a fuego mediano), revolviendo constantemente hasta que espese.

3. Añádale la vainilla y viértala en recipientes individuales. Espolvorée con canela en polvo. También puede plancharla con azúcar.

Sugerencia útil: Para preparar la natilla de chocolate, añádale a la receta anterior 1/2 libra de chocolate. Prepárelo de esta manera:

1. Ralle las pastillas de chocolate y fúndalas al baño de María.

2. Añada el chocolate fundido a las yemas con el azúcar (paso 1 de la receta anterior).

FLAN DE LECHE

Ingredientes

- 2 tazas de leche
- 1 cáscara de limón
- 1 rama de canela
- 1/4 cucharadita de sal
- 6 yemas
- 3 claras
- 3/4 taza de azúcar blanca
- 1 cucharadita de vainilla

Cómo se preparan

1. Ponga a hervir la leche con la canela, la cáscara de limón, y sal (una pizca). Después que hierva, permita que se refresque. Aparte, bata ligeramente las yemas con las claras, azúcar y vainilla.

2. Añádale la leche. Cuélelo todo y viértalo en un molde (previamente bañado con caramelo). Cocínelo al baño de María hasta que esté hecho. MUY IMPORTANTE: También puede hacerlo en el horno, al baño de María (a 350 grados F, aproximadamente por 1 hora).

TOCINO DEL CIELO

Ingredientes

- 12 yemas de huevo
- 7 cucharadas de azúcar
- 1 cucharadita de vainilla

Cómo se preparan

1. Prepare un almíbar a medio punto y enfríelo.

2. Una las yemas de huevo y agréguele 1 cucharadita de vainilla.

3. Póngalo todo al baño de María (en un molde grande o varios pequeños, con un poquito de azúcar quemada en el fondo).

FLAN DE CALABAZA

Ingredientes

- 1 lb de calabaza
- 1 litro de leche
- 1 lb de azúcar
- 2 cucharadas de maicena
- 1 cucharadita de vainilla
- 1 cucharada de mantequilla

Cómo se preparan

1. Hierva la leche con el azúcar, la canela, una cascarita de limón y un poco de sal.

2. Salcoche la calabaza y pásela inmediatamente por un colador.

3. Agréguela a la leche y a la maicena (disuelta en un poco de leche). Una vez que todo esté unido, cuele de nuevo.

4. Cocine a fuego lento, hasta que esté espesa (revuelva frecuentemente para evitar que se pegue). Agregue ahora la mantequilla.

5. Ponga en un molde (untado de caramelo) y enfríe. Sírvalo frío.

FLAN DE COCO

Ingredientes

- 1 taza de coco rallado
- 7 huevos
- 1 1/4 tazas de azúcar
- 3 tazas de leche
- Vainilla
- 1/2 cucharadita de sal

Cómo se preparan

1. Una bien todos los ingredientes y póngalos en un molde (untado previamente de caramelo).

2. Colóquelo en el horno al baño de María (a 350 grados F).

FLAN DE PIÑA

Ingredientes

- 2 piñas (medianas)
- 6 tazas de azúcar
- 1 ramita de canela
- 1 cucharada de vainilla
- 12 huevos

Cómo se preparan

1. Extraiga el jugo de 2 piñas medianas. Agregue el azúcar, la canela y la vainilla.

2. Prepare un almíbar; deje enfriar.

3. Bata los huevos y únalos (poco a poco) al almíbar frío.

4. Coloquélo en un molde con azúcar quemada y cocine al baño de María.

PUDIN DIPLOMATICO

Ingredientes

- 2 tazas de leche
- 1 ramita de canela
- 1 pedacito de cáscara de limón
- 6 huevos
- 1 taza de azúcar blanca
- 1 cucharadita de vainilla
- 1/8 cucharadita de sal

- 2 cucharadas de licor dulce
- 1 taza de cocktail de frutas (sin el almíbar)
- 4 pan de molde (sin la corteza), o panetela, suficiente para cubrir el molde.

Cómo se preparan

1. Hierva la leche (junto con la canela y cáscara de limón) y déjela refrescar.

2. Aparte: bata los huevos con el azúcar, la vainilla, la sal y el licor dulce. Añada a la leche (quitándole la canela y el limón). Mezcle todo bien y viértalo en un molde alargado, previamente bañado de caramelo.

3. Sobre esta mezcla vierta las frutas del coctel. Seguidamente, cubra todo con el pan o con lascas de panetela.

4. Hornée al baño de María (a 350 grados F) por 1 1/2 horas. Permita que se enfríe antes de desmoldarlo.

DULCE DE LECHE CORTADA

Ingredientes

- 1 lata de leche evaporada
- 1 taza de azúcar
- 1 pedazo de corteza de limón (1 pulgada)
- Canela en rama
- 1 cucharada de vinagre
- 1/2 lata de agua

Cómo se preparan

1. Agréguele a la leche el agua, el vinagre y el limón.

2. Una vez que la leche esté cortada, incorpore el azúcar y la canela. Cocine a fuego lento (sin moverla).

3. Cocine por 1/2 hora (hasta que tome un color de caramelo).

PUDIN DE PAN

Ingredientes

- 4 rebanadas de pan blanco
- 1 3/4 tazas de leche
- 4 huevos
- 3/4 taza de azúcar blanca
- 1/2 cucharadita de canela
- 1 cucharadita de canela

- 1/4 cucharadita de sal
- 1/4 cucharadita de nuez moscada
- 1/2 taza de pasas
- 1/2 taza de nueces

Para decorar

- 6 oz de queso crema
- 1 latica chica de melocotones en almíbar
- 3 cucharadas del almíbar de los melocotones
- 1 guinda

Cómo se preparan

1. Engrase un molde apropiado con mantequilla. Si lo pefiere, también puede bañarlo en caramelo.

2. Sin eliminar la corteza del pan, córtelo en trocitos pequeños. Remoje este pan en la leche y, mientras, bata los huevos con el azúcar, la vainilla, la canela, la sal y la nuez moscada.

3. Ahora mezcle los huevos batidos con el pan y la leche. Agregue las pasas y nueces... y viértalo todo en el molde.

4. Hornée (a 350 grados F) durante 45 minutos, o hasta que compruebe que está hecho.

5. Permita que se enfríe antes de desmoldarlo. Decórelo con el queso batido con almíbar, los melocotones y la guinda.

PUDIN DE BONIATO

Ingredientes

- 3 lbs de boniato
- 1 cucharada grande de mantequilla
- Canela en polvo
- 4 huevos
- Azúcar (a gusto)
- Cáscara de limón rallado

Cómo se preparan

1. Salcoche el boniato con un poco de sal.

2. Pase por un colador y agréguele la mantequilla, el azúcar, las yemas de huevo, la canela en polvo y el limón rallado. Por último, agréguele las claras (bátalas ligeramente).

3. Póngalo en un molde (untado en mantequilla) y hornéelo (a 350 grados F).

PUDIN DE PAN PINAREÑO

Ingredientes

- Pan blanco
- 5 huevos
- 2 oz de licor de anís
- 1/8 de mantequilla
- 1 lata de leche condensada
- Pasas, almendras y vainilla a gusto

Cómo se preparan

1. Moje el pan con la leche y amase con los huevos y la mantequilla. Agregue las pasas, las almendras y la vainilla... hasta que logre una masa uniforme.

2. Coloque en un molde con caramelo, y hornée (a 350 ó 375 grados F).

3. Para saber si está hecho, introduzca la punta de un cuchillo. Si al retirarlo la masa no se pega, puede sacarlo del horno. ¡Sírvalo frío!

PUDIN DE CALABAZA

Ingredientes

- 1 1/2 lbs de calabaza
- 1 lb de azúcar
- 1 cucharada de mantequilla
- 1 1/4 cucharadas de maicena
- Canela

Cómo se preparan

1. Salcoche la calabaza en un poco de agua con sal.

2. Aparte: hierva la leche con la canela y el azúcar. permita que se enfríe.

3. Añada 2 1/2 cucharadas de maicena diluidas en leche. Cocine de nuevo, a fuego lento.

4. MUY IMPORTANTE: Al echar la maicena, pásela por un colador y revuelva bien para que no se formen grumos.

5. Pase igualmente la calabaza por un colador y añádale 1 cucharada de mantequilla y 1 1/2 cucharadas de vainilla.

6. Una la leche con la calabaza y vierta en un molde con azúcar quemada, poniéndolo en el horno al baño de María (a unos 350 grados F).

PUDIN DE COCO Y QUESO CREMA

Ingredientes

- 1 queso crema de 6 oz

- 1 latica de dulce de coco (de 1 libra)
- 6 yemas de huevo
- 3 claras de huevo
- 1 cucharadita de vainilla

Cómo se preparan

1. Mezcle bien todos los ingredientes y viértalos en un molde, previamente bañado con caramelo.

2. Hornée al baño de María (a 350 grados F. aproximadamente) durante 1 1/2 horas.

Sugerencia útil: Al hacer la mezcla, le sugiero que utilice un dulce de coco no muy abundante en almíbar. Si usted no está contenta con las muchas marcas existentes en el mercado, puede preparar un excelente dulce casero.

HARINA DULCE (En olla de presión)

Ingredientes

- 1 taza de harina de maíz fina
- 3 tazas de agua
- 1/2 cucharadita de sal
- 1 rama de canela
- 1 lata de leche condensada
- 1 taza de agua
- 1/4 taza de azúcar blanca
- 1/4 de pasas
- 2 cucharadas de mantequilla
- 1 cucharadita de vainilla

Cómo se preparan

1. En su olla de presión, vierta el agua con sal y la canela. Apenas el agua comience a hervir, añádale la harina.

2. Tape bien la olla y cocínela durante 5 minutos (a 15 libras de presión). Después, permita que la olla se enfríe.

3. Una vez fría, agregue la leche condensada (ya disuelta en una taza de agua), el azúcar, las pasas y la mantequilla.

4. Cocine nuevamente, moviendo constantemente durante unos 5 minutos (hasta que se espese). En este momento, agréguele la vainilla.

5. Vierta la harina dulce en un recipiente apropiado. Espolvorée con canela en polvo.

ISLAS FLOTANTES

Ingredientes

6 claras de huevo

6 cucharadas de azúcar blanca

1 litro de leche

1 pedacito de cáscara de limón

1/4 cucharadita de sal

6 yemas

1 cucharada de harina

3/4 taza de azúcar blanca

1 cucharadita de vainilla

Cómo se preparan

1. Bata las claras (a punto de nieve) y agrégueles, poco a poco, 6 cucharadas de azúcar.

2. En un recipiente llano, hierva la leche con la sal, canela en rama y la cáscara de limón. Cuando la leche rompa a hervir, agregue las claras batidas (cucharada a cucharada). MUY IMPORTANTE: No eche más de 1 cucharada a la vez para evitar que se peguen y que la leche deje de hervir a borbotones.

3. Déjelas cocinar aproximadamente 1 minuto. Voltéelas y cocínelas igualmente del otro lado. Con una espumadera, sáquelas de la leche y colóquelas en otro recipiente.

4. Una vez que haya cocinado todas las claras, añada la leche sobrante a las yemas batidas con la harina y el azúcar. Cuélelo todo y cocine (a fuego lento, o al baño de María). Revuelva constantemente, hasta que se espese.

5. Añádale ahora la vainilla y vierta esta crema en el recipiente con las islas flotantes: el merengue cocinado quedará flotando sobre la crema preparada.

6. Si lo prefiere, puede espolvorear cada isla flotante con canela en polvo.

COMPOTA DE MANZANA

Ingredientes

- 8 manzanas
- 2 tazas de azúcar
- Canela
- 6 tazas de agua

Cómo se preparan

1. Salcoche las manzanas. Cuando estén blandas, agrégueles el azúcar y la canela.

2. Cocine por 40 minutos, hasta que estén blandas y medio deshechas.

COMPOTA DE PERAS Y CIRUELAS PASAS

Ingredientes

- 2 peras
- 1 lb de ciruelas
- 2 tazas de azúcar
- Canela en rama
- 1 limón
- 2 litros de agua

Cómo se preparan

1. Lave las frutas y pele las peras. Salcoche todo en los 2 litros de agua.

2. Cuando estén medio blandas agrégueles el azúcar, la canela y la corteza de 1 limón.

3. Siga cocinando (a fuego mediano) hasta que alcancen la consistencia que usted prefiera.

MERMELADA DE ALBARICOQUE

Ingredientes

- 1 lb de orejones de albaricoque
- 2 tazas de azúcar (aproximadamente)
- Canela en rama
- 4 tazas de agua

Cómo se preparan

1. Lave los albaricoques y cocínelos (a fuego lento) en agua por 4 horas (para que se abran). Agregue una rajita de canela.

2. Páselos por un colador y agregue la misma cantidad de azúcar que de pulpa.

3. Vuelva a cocinar, moviendo continuamente (hasta que tenga punto de mermelada).

Sugerencia útil: Si prefiere usar melocotones en vez de albaricoques, estará preparando la deliciosa mermelada de melocotones.

MERMELADA DE GUAYABA

Ingredientes

- 1 lb de guayaba
- 2 tazas de azúcar (aproximadamente)
- Canela en rama

Cómo se preparan

1. Pele las guayabas y salcóchelas ligeramente; páselas por un colador fino, para reducirlas a puré.

2. Añada la misma cantida de azúcar que de pulpa. Agregue también la canela.

3. Cocine (a fuego lento), moviendo continuamente hasta que tenga punto de mermelada. MUY IMPORTANTE: Si nota que la mermelada está muy clara, y la prefiere de un tono rosado intenso, cuando rompa a hervir agréguele 2 cucharaditas de agua fría. Repita esta operación hasta que logre el color que usted desea.

MERMELADA DE MANZANA

Ingredientes

- 6 manzanas
- 1/2 lb de azúcar, aproximadamente
- Canela

Cómo se preparan

1. Pele las manzanas y salcóchelas (incluya las cácaras, separadas). Reduzca las manzanas a puré y páselas por un colador fino.

2. Añada la misma cantidad de azúcar que de pulpa. Cocine a fuego lento hasta que la mermelada alcance su punto.

3. Vierta en un recipiente apropiado y espolvorée con canela.

MERMELADA DE MANGO

Ingredientes

- 6 mangos (grandes, semi-maduros)
- 1 taza de azúcar (aproximadamente)

Cómo se preparan

1. Pele los mangos y cocine en 2 tazas de agua. Cuando se ablanden, reduzca a puré (pasándolos por un colador fino).

2. Agregue la misma cantidad de azúcar que de pulpa.

3. Cocine (a fuego lento), moviendo continuamente hasta que tome punto de mermelada. MUY IMPORTANTE: Esta receta también la puede preparar con mangos maduros. En ese caso, no salcoche los mangos sino pase directamente la pulpa por un colador. Agregue 2 tazas de almíbar, y revuelva continuamente hasta lograr el punto de mermelada.

MERMELADA DE NARANJA

Ingredientes

- 8 naranjas chinas
- 2 tazas de azúcar (aproximadamente)

Cómo se preparan

1. Pele las naranjas y salcochelas con 1/2 taza de agua.
2. Cuando estén blandas, páselas por un colador fino.
3. Añada la misma cantidad de azúcar que de pulpa.
4. Cocine con la corteza de 1/2 limón, moviendo continuamente (para que no se pegue), hasta que alcance la consistencia que usted prefiera (aproximadamente 50 minutos).

MERMELADA DE PIÑA

Ingredientes

- 1 piña
- 1 taza de azúcar (aproximadamente)
- 4 tazas de agua

Cómo se preparan

1. Pele la piña y pásela por agua (con sal).
2. Cámbiele el agua y cocine nuevamente en 2 tazas de agua.
3. Cuando esté blanda, pase la piña por la procesadora. Cuele. Agregue la misma cantidad de azúcar que de jugo.
4. Cocine hasta que se forme una crema.

Sugerencia útil: Trate de utilizar una piña que usted sepa que es bastante dulce. Puede, incluso, comprar varias y probarlas, seleccionando la más dulce para su receta. Si prefiere, elimine un poco de azúcar.

DULCE DE COCO Y ALMENDRAS

Ingredientes

- 1 coco
- 1/2 lb de almendras (molidas)
- 2 tazas de azúcar
- 6 bizcochos
- 6 yemas de huevo
- 2 vasos de leche
- Canela en rama

Cómo se preparan

1. Prepare un almíbar ligero con el coco y el azúcar. Agregue el coco rallado y las almendras (molidas).

2. Añádale la leche hervida con canela, y comience a cocinar.

3. Cuando tome punto, baje el fuego y agréguele las yemas. Cocine nuevamente por 5 minutos.

4. Bájelo del fuego y agréguele los bizcochos picados (lo más fino posible). Vierta en un recipiente apropiado, espolvorée con azúcar y queme con una plancha bien caliente.

DULCE DE GUANABANA

Ingredientes

- 1 guanábana
- 2 tazas de azúcar
- 1 limón
- Canela

Cómo se preparan

1. Pele al guanábana y cocínela en un almíbar clara.

2. Mueva constantemente, hasta que tome un color dorado.

3. Cocine con una ramita de canela y la corteza de un limón. MUY IMPORTANTE: Si el almíbar se espesa, agregue agua.

DULCE DE PIÑA

Ingredientes

- 1 piña (bien madura)
- 1 taza de azúcar

Cómo se preparan

1. Pele la piña y córtela en pedacitos chiquitos; colóquela en agua y sal por 30 minutos.

2. Prepare un almíbar (con el azúcar y 2 tazas de agua). Agregue la piña tan pronto como el almíbar comience a hervir.

3. Cocine (a fuego lento) para que no se pegue ni se queme. MUY IMPORTANTE: El dulce está cuando usted note que las rodajitas de piña se vuelven transparentes.

DULCE DE TORONJAS

Ingredientes

- 4 toronjas

- 1/2 taza de azúcar
- 4 tazas de agua
- 1 ramita de canela
- 1 pizca de sal

Cómo se preparan

1. Pele las toronjas y córtelas en cuatro porciones (para cacarles la masa y dejar limpias las partes blancas).

2. Ponga los cascos en remojo durante la noche anterior y al día siguiente, cambiándole el agua tres o más veces.

3. Ponga al fuego, y apenas empiece a hervir, elimine el agua. Echele de nuevo agua caliente y una pizca de sal. Elimine el agua tres veces más (apenas comience a hervir). Finalmente, deje enfriar y escurra.

4. Prepare un almíbar con agua, azúcar y una ramita de canela. Cuando el almíbar esté a medio punto, bajo el fuego y permita que se enfríe.

5. Añádale en este momento los cascos de toronja y cocine lentamente (a fuego lento) hasta que los cascos estén blandos y el almíbar se haya puesto en su punto.

MUY IMPORTANTE: A la hora de seleccionar las toronjas, escoja aquéllas que no estén dañadas. Pélelas cuidadosamente: ni muy profundamente (para evitar dañar el casco), ni tampoco en forma muy superficial, puesto que los residuos de cáscaras amargarían el dulce.

COCO QUEMADO

Ingredientes

- 1 coco seco
- 1 taza de azúcar prieta
- 2 yemas

Cómo se preparan

1. Abra el coco con cuidado de no tirar el agua. Pélelo y rállelo.

2. Con el agua del coco y el azúcar, prepare un almíbar. Unala al coco rallado.

3. Cocine (a fuego lento) hasta que tenga punto. Sáquela del fuego y agréguele las 2 yemas de huevo.

4. Coloque en cajitas de papel encerado. Hornée (a 375 grados F) por 25 minutos.

BOLITAS DE COCO

Ingredientes

- 16 pastillas de altea

- 1 clara de huevo
- 1 paquete de coco seco rallado
- Colorante artificial

Cómo se preparan

1. Bata la clara (ligeramente).

2. Pase las pastillas de altea por la clara batida y déjelas escurrir (sujételas con un tenedor).

3. Páselas por el coco rallado.

4. Colóquelas sobre papel encerado y déjelas secar. ¡Listas!

BONIATILLO CON COCO

Ingredientes

- 2 lbs de boniato
- 2 lbs de azúcar blanca
- 3 tazas de leche
- 6 yemas de huevo
- 1 taza de leche o crema de coco
- Canela en polvo

Cómo se preparan

1. Primeramente, salcoche los boniatos y prepare un puré con ellos. Añádales la leche y el azúcar... y pase todo por un colador. Comience a cocinar (a fuego mediano) hasta que espese.

2. Aparte: mezcle las yemas con la leche o crema de coco. Añádale un poco al puré de boniato que ya preparó.

3. Mézclelo todo nuevamente y cocínelo (aproximadamente durante 1/2 hora más).

MAJARETE CUBANO

Ingredientes

- 10 mazorcas de maíz (tierno)
- 1 lb de azúcar
- 1 litro de leche
- 1 cucharadita de canela en polvo

Cómo se preparan

1. Ralle las mazorcas, agrégueles la mitad de la leche y páselas por un colador (bien fino).

2. Agréguele el azúcar, la canela y la leche restante. Comience a cocinar, moviendo constantemente... hasta que tenga el espesor de crema.

3. Vierta en un recipiente apropiado y espolvorée con canela.

POLVORONES VILLACLAREÑOS

Ingredientes

- 1 1/2 lbs de harina
- 1 libra de azúcar
- 3/4 lb de manteca

Cómo se preparan

1. Una la harina, la manteca y el azúcar y prepare una masa.

2. Después, déle forma de galleticas y póngalas al horno (a 350 grados F), en un molde, engrasado hasta que doren.

CAPUCHINOS

Ingredientes

- 10 yemas de huevo
- 1 clara de huevo
- 4 cucharaditas de maicena
- 2 cucharadas de azúcar blanca

Cómo se preparan

1. Primeramente, prepare los conitos de papel y colóquelos en un molde especial, con aberturas que los sujeten en posición vertical.

2. Bata las yemas, la clara y el azúcar (durante unos 15 minutos, hasta que la mezcla esté bien espesa). Añádale, poco a poco, la maicena cernida...

3. Vierta esta mezcla en una manga pastelera con boquilla mediana. MUY IMPORTANTE: Llene los conitos únicamente hasta las dos terceras partes.

4. Hornée (a 375 grados F) por unos 15 minutos (o hasta que se doren).

5. Después de horneados, quíteles el papel y báñelos en almíbar.

RECETA PARA EL ALMIBAR

Ingredientes

- 3 tazas de azúcar blanca
- 1 1/2 taza de agua
- 1 limón
- 1 rama de canela
- 1 cucharadita de vainilla

Cómo se preparan

1. Ponga al fuego el azúcar, agua, canela, la cáscara y unas gotas del zumo de limón. Permita que todo hierva por unos 3 ó 4 minutos, revolviendo frecuentemente.

2. Añada ahora la vainilla. Permita que se refresque antes de agregarlo a los capuchinos.

MUY IMPORTANTE: Vierta cuidadosamente el almíbar sobre los capuchinos una vez que compruebe que ya no está caliente; así estos no se dañarán.

PASTEL CAMAGÜEYANO

Ingredientes

- 2 tazas de harina fuerte (o de panadería)
- 1/4 taza de azúcar
- 1 taza de mantequilla
- 2 huevos
- 2 cucharadas de vino seco
- 2 cucharaditas de polvo de hornear
- 1/2 cucharadita de sal
- 1 taza de mermelada (o la crema que se desee)

Cómo se preparan

1. Cierna la harina y mídala para añadirle el polvo de hornear.

2. Agréguele el azúcar, la mantequilla, los huevos, el vino seco y la sal.

3. Cuando todo esté unido, divida la pasta en dos y coloque una parte bien extendida en un molde.

4. Hornée (a 375 grados F) por unos 15 minutos.

5. Sáquela del horno y colóquela encima la crema o mermelada de frutas que desee. Tape con el resto de la pasta, uniendo los bordes con un tenedor.

6. Hornée nuevamente (a la misma temperatura) por 35 minutos.

PASTEL DE CALABAZA

Siguiendo la receta básica para los pasteles, prepare una concha de pastel de 9 pulgadas. También puede comprar una concha precocinada, lo cual es mucho más fácil.

Ingredientes

- 2 tazas de puré de calabaza
- 1 taza de azúcar blanca
- 3 huevos
- 1 taza de leche evaporada

- 1 cucharadita de canela
- 1/2 cucharadita de nuez moscada
- 1/2 cucharadita de sal
- 1 cucharadita de jengibre

Cómo se preparan

1. Sobre la concha, vierta todos los ingredientes, debidamente mezclados.

2. Hornée (a 425 grados F) hasta que el pastel esté cuajado (aproximadamente durante 45 minutos). Sírvalo frío.

PASTEL DE MASA REAL

Ingredientes
- 1 lb de harina de Castilla
- 4 yemas de huevo
- 1/2 lb de manteca
- 4 cucharadas de vino seco
- Ralladura de nuez moscada
- Ralladura de limón
- Azúcar

Ingredientes para el relleno
- 1 pollo
- Salsa de tomates
- Aceitunas
- Alcaparras
- Almendras
- Pasas

Cómo se preparan

1. Ponga todos los ingredientes, excepto el azúcar, sobre un mármol o una tabla. Amase (con las manos) hasta que la pasta quede uniforme.

2. Agregue el azúcar y siga amasando (hasta que quede bien integrada a la masa).

3. Tome un molde que tenga unas 3 pulgadas de alto (no le unte mantequilla, pues la grasa natural del pastel será suficiente). Primeramente, cubra el fondo con la masa que ya preparó. Después los lados, procurando que queden bien unidos (deben tener 1/2 pulgada de espesor).

4. Ahora, coloque el relleno (este relleno puede ser de manzana o de pollo). Cubra después con la misma masa, y hágale los adornos que prefiera.

5. Coloque el molde ya listo en el horno (a una temperatura de unos 350

grados F) por media hora, aproximadamente. Sirva caliente o frío, según su preferencia.

Sugerencia útil: Siguiendo la receta básica para confeccionar el pastel de masa real, usted puede incorporar el relleno que desee (picadillo, pescado, frutas, vegetales, etc.).

PASTELITOS POPULARES

Ingredientes

1/2 lb de harina

1/2 lb de mantequilla

Sal y agua

Cómo se preparan

1. Prepare una masa fina (hojaldre) con harina, sal y agua. Deje que esta masa repose.

2. Ahora, estire la masa y córtela en pequeñas porciones sobre las que van a colocar el relleno (pollo, guayaba, coco, carne, etc.). Tape cada porción con la misma masa.

3. Con una brocha, unte de huevo la parte superior de los pastelitos.

4. Rocíe con azúcar si el relleno es dulce. Si es de carne o pescado, úntele sólo el huevo.

5. Hornée a una temperatura de 325 ó 350 grados F, aproximadamente unos 30 minutos.

CREMA FRITA

Ingredientes

- 8 huevos
- 2 tazas de harina fina
- 2 vasos de leche (de 8 oz cada uno)
- 1 pedazo de corteza de limón (1 pulgada)
- 1 cucharadita de agua de azahar
- 6 cucharadas de azúcar
- 1/4 cucharadita de sal
- 1 cucharada de mantequilla
- 1 libra de manteca
- 1 paquete de galleta molida

Cómo se preparan

1. Bata 2 huevos y agréguele harina (hasta tener una pasta con consistencia).

- 1/4 lb de ñame
- 1/4 lb de boniato
- 1/4 lb de malanga
- 1 lb de harina
- Licor de anís (a gusto)
- Almíbar

Cómo se preparan

1. Salcoche todas las viandas y redúzcalas a puré, pasándolas por la máquina. A la masa obtenida, añádale 2 huevos y anís.

2. Agréguele la harina y comience a amasar… agregando harina hasta que la masa no se le pegue a los dedos.

3. Con la masa, forme unos tirabuzones y a los mismos déles la forma de un número 8.

4. Fría en manteca bien caliente.

5. Sírvalos con melado de caña o almíbar.

PANETELA CUBIERTA

Ingredientes

- 6 huevos
- 6 cucharadas de azúcar
- 6 cucharadas de harina de Castilla
- 1 cucharada de polvo de hornear
- 1/2 cucharadita de esencia de vainilla
- Grajeas de colores
- Almíbar.

Cómo se preparan

1. Haga un merengue con las 6 claras de los huevos, uniéndole 2 yemas y el azúcar (cuando el merengue esté listo).

2. Añádale la harina de Castilla y la esencia de vainilla. Coloque la masa en el horno, en un molde refractario debidamente engrasado (a temperatura 350 grados F).

3. Aparte: prepare una crema con 1 taza de almíbar, 3 yemas de huevo, y 1 cucharada de agua. Permita que todo hierva.

4. Una vez que la panetela esté fría, cúbrala con esta crema. Después con merengue. Adorne con grajeas de colores.

BRAZO GITANO

Ingredientes

- 1 taza de harina
- 1 cucharadita de polvos de hornear
- 1/4 cucharadita de sal
- 3 ó 4 huevos, dependiendo del tamaño de la panetela.
- 1 taza de azúcar blanca
- 5 cucharadas de agua
- 1 cucharadita de vainilla

Cómo se preparan

1. Engrase un molde de panetela apropiado. Fórrelo con papel encerado; engrase el papel con mantequilla.

2. Cierna la harina con el polvo de hornear y la sal. Bata los huevos hasta que estén bien espesos. Una vez logrado esto, añada el azúcar... lentamente.

3. Agregue el agua con la vainilla y, por último, los ingredientes secos cernidos. MUY IMPORTANTE: Envuelva suavemente los ingredientes, y si utiliza la mezcladora eléctrica, marque la menor velocidad.

4. Vierta la mezcla en el molde y hornée la panetela (a 375 grados F) durante 15 minutos. MUY IMPORTANTE: Antes de que se enfríe la panetela, desprenda sus bordes con un cuchillo. Voltée la panetela sobre un paño húmedo.

5. Con mucho cuidado, elimine el papel encerado y recorte los bordes con un cuchillo bien afilado. enrolle la panetela en el paño. Permita que se refresque.

6. Cuando la panetela esté fresca, desenróllela y rellénela con alguna crema especial, o con una mermelada (especialmente mermelada de guayaba). Enrróllela nuevamente y decore a su gusto.

TORREJAS

Ingredientes

- Rebanadas de pan
- Vino amontillado
- Leche
- Huevos
- Almíbar

Cómo se preparan

1. Corte el pan en rebanadas, eliminando toda la corteza.

2. Con una cuchara, moje las rebanadas en vino amontillado (jerez) y luego en leche. Permita que se mojen bien, hasta el nivel de saturación.

3. Envuelva ahora las rebanadas embebidas en vino y leche en un batido de huevo. Fríalas en manteca abundante y bien caliente.

4. Colóquelas en un recipiente apropiado y cúbralas con almíbar caliente.

MELCOCHA

Ingredientes

- 1 taza de azúcar
- 1/4 taza de vinagre

Cómo se preparan

1. Prepare un almíbar acaramelado (a 250 grados F), con el azúcar y el vinagre. Permita que este almíbar se refresque para poder amasarla.

2. Amase (estirando y recogiendo el caramelo) con las dos manos... hasta tener una pasta blanca. MUY IMPORTANTE: Forme, con esta pasta, diferentes figuras. Usela también para decorar.

PIÑA GLACE

Ingredientes

- 1 lb de azúcar
- 1 piña (mediana)
- 4 oz de agua

Cómo se preparan

1. Prepare un almíbar con azúcar, agua y un poco de jugo de piña.

2. Cuando el almíbar esté a punto de caramelo, añádale los trocitos de piña. Sáquelos y colóquelos en un recipiente hasta que se enfríen. Sírvalos fríos.

NOTAS